これは
官僚による
タックス・テロだ！

「見えない」税金の恐怖

大村大次郎
元国税調

ビジネス社

はじめに ～なぜ私たちは豊かじゃないのか？～

日本人の収入というのは、決して低いわけではない。というより、世界有数の高さなのである。世界中のほとんどの地域の人にとって、日本人の平均収入は、大金持ちといえるほどの高さなのである。中国の平均年収は、日本の10分の1以下なのだ。

つまり、世界の人々から見れば、日本人はみな大金持ちなのである。

にもかかわらず、私たち日本人は、決して豊かな生活をしていない。

特に子育て世代は大変である。

夫婦共働きでも、子供1人を持つのがやっとという家庭も多いはずだ。世界的に見て、そういう地域は少ない。世界中のほとんどの地域で、父か母が、まともにフルタイムで仕事をしていれば、子供の数人くらいは育てられるのである。日本人の生活状態というのは、異常なのだ。

そして日本の税金は、世界的に見て決して高くはない。

平均的サラリーマンの所得税の税率は10パーセント程度であり、先進国の中では低いほうだといえる。また消費税は8パーセントであり、ヨーロッパ諸国の付加価値税と比べればかなり安い。

だから日本は、「世界的に見れば税金が安い国」とさえ言える。

しかし、では日本人の生活は楽か、というと決してそうではない。

生活が苦しい人は多いし、子供の貧困の増加など、先進国ではあり得ないような事象も起こっている。

日本では、収入に比べて、生活上の負担額が大きい。

日本はヨーロッパよりも付加価値税が低いが、日本の方がヨーロッパの大半の地域よりも、物価は高い。付加価値税が高ければ、それだけ物価は上がるはずなのに、日本のほうが高いのである。

なぜこのようなことが起きているのか、というと、日本では社会のいたるところに「見えない税金」が潜んでいるからだ。それが、物価を押し上げ、日常生活を圧迫しているのである。

見えない税金というのは、たとえば公共料金である。

公共料金というのは、人が普通に生活していく上では必ず払わなければならない。国民にとって、公共料金とは税金と似たようなものである。この公共料金が、日本では世界一と言われるほど高いのである。

電気料金、高速料金などを世界と比べると日本のそれは異常値ともいえるほど高いのである。

また日本では、教育関連の費用が異常に高くつく。

小中学校の授業料は原則無料ということになっているのに、給食費やその他の費用がかかる。これが通常ではあり得ないくらい高いのである。

大学の授業料も、世界最悪クラスの高さである上に、奨学金などの制度が先進国ではあり得ないほど貧弱なのである。だから、日本の大学の学費は、実質的に世界一高いと言えるのだ。

そして社会保険料などの中に「見えない税金」が仕組まれていることもある。

たとえば、国は昨今、年金を補完するために「確定拠出年金」という制度を設けた。これは、個人個人が自分で年金を掛けることで、税制上の優遇を受けられるという制度である。この確定拠出年金には、なぜか手数料が高く設定されており、その大部分は国の機関に流れ込むようになっているのだ。

そういう、表にはなかなか出てこない「見えない税金」が、実は日常生活のあらゆる場所に潜んでいるのだ。

日本人は、税金に関しては非常に敏感である。

だから、政府が税金を少しでも上げようとすると、強く反発する。

しかし、税金という名を課さずに、他の名目でお金を徴収しようとすると、けっこう簡単に支払ってしまう。国は、そこに目をつけ、「見えない税金」を張り巡らしているのである。そして、この「見えない税金」は我々の負担が増えているだけじゃなく、社会自体も腐敗させていくものなのである。

というのも、「見えない税金」のほとんどは、官僚の天下り先の確保のためか、政治家の利権確保のために、つくられているのだ。

「見えない税金」の存在は、日本の社会をどんどん悪化させていっているのだ。

「見えない税金」は、日本社会の目を覆いたくなるほどの暗部といえる。

しかし、私たちは、この現実を直視しなければならない。そうしないと、日本はこの先、腐っていくばかりだからである。

第2章 小中学校の教育費がピンハネされている

第3章 奨学金という搾取機構

第4章 なぜ日本の公共料金は世界一高いのか？

第6章 天下り官僚の手数料ビジネス

第7章　社会保険料が上がっている本当の理由

第8章　貧困という重税

第9章 なぜ日本は「見えない税金」が多いのか？

序章

「見えない」税金の恐怖

知らぬ間に国民の負担が急増している！

現在、日本社会は、断末魔の状況にある。

毎日、ちゃんと働いても、家庭を持てない若者が増え、少子高齢化は深刻さを増した。ここまで、少子高齢化が進めば、この先、どれだけ頑張っても、日本の国力が落ちていくのは抑えられない。

日本は高度成長以来、世界一といってもいいほどの勤勉さで、世界に冠たる経済大国をつくりあげてきた。

長い不況が続いているといっても、まだ世界第3位の経済大国である。国民1人当たりの外貨準備高は、ダントツの世界一である。

実質的には、世界一の経済大国といってもいいだろう。

これだけお金を稼いでいるのに、なぜわれわれの生活は苦しいのか？

ほとんどの日本人は、夫婦で共働きをしても、子供を1人か2人育てるのがやっと。夫しか働いていない場合は、子供1人がギリギリである。

こんな国は、世界ではほとんどない。

世界中のほとんどの地域では、夫が普通に働いていれば、子供の1人や2人は育てられる。発展途上国や、貧しいとされる国でも、そうである。

なぜ日本では、このようなことになっているのか？

その大きな原因のひとつが**「見えない税金」**なのである。日本人のほとんどは気づいていない。ところがわれわれは、実はとんでもないほどの高額の「見えない税金」を払わされているのである。


たとえば、あなたは現在、サラリーマンが「子ども・子育て拠出金」という〝税金〟を払わされていることをご存知だろうか？

この「子ども・子育て拠出金」というのは、もともとは児童手当拠出金と言われていたものである。しかし、2015年に子ども・子育て支援法という法律が本格的に施行されて、この名称になった。

「子ども・子育て拠出金」というと、いかにも「子育てのために必要なもの」という感じがして悪いとは思わないだろう。しかし内容は、ほぼ税金、たんなる税金である。

この「子ども・子育て拠出金」は、日本全国の事業所（会社や個人商店など）で、従業員に賃金を支払う場合に、その賃金の額に応じて拠出するものである。従業員に子供がいようといまいと関係なく徴収される。

この「子ども・子育て拠出金」は、事業所が負担するという決まりになっている。が、事業所から見れば、人を雇った時にかかる経費の一部であり、人件費として支払うわけである。本来、サラリーマンがもらえる分が削られるということであり、**実質的にサラリーマンが負担しているのと同様**である。

しかし形式の上では、事業者が負担するということになっているので、サラリーマンは自分がそういうものを間接的に負担していることすら知らない。

まさに「見えない税金」である。

しかも、この「子ども・子育て拠出金」は近年になって、拠出率が急上昇しているのだ。

2012年3月以前に0・13パーセントだったものが、2017年には0・23パーセントになっているのだ。わずか5年でほぼ倍増である。

年収500万円の人は年間1万円以上取られることになる。

なぜ、これについて誰も文句を言わないのか？

そこには**徴税側のトリック**があるのだ。

「子ども・子育て拠出金」は税という文言を使うことをたくみに避けている。

国民は税という言葉には敏感に反応するが、税という名称がついてなければ鈍感なところがある。

もし**「新たに税を年間1万円徴収する」**ということになれば、国民は大反発するが、拠出金という名目にすれば、スルーしてしまうのだ。

しかも、この拠出金は、国民が直接払うのではなく、事業者が負担するという形態になっている。国民からは見えにくく、ほとんど誰も知らないという事態になっている。

昨今、こういう負担増が、国民の知らない間に、あちこちで行なわれている。社会保険の掛け金も知らぬ間に増額され、その一部は官僚によってピンハネされている。公共料金も、世界的に見て異常に高いまま、下がる気配はない。

日本は、表面的な税金は決して高くはないが、国民のわかりにくいところで、巧妙に負担を増やしているのだ。

つまり「見えない税金」が急増しているのだ。

「子ども・子育て拠出金」の拠出率の推移

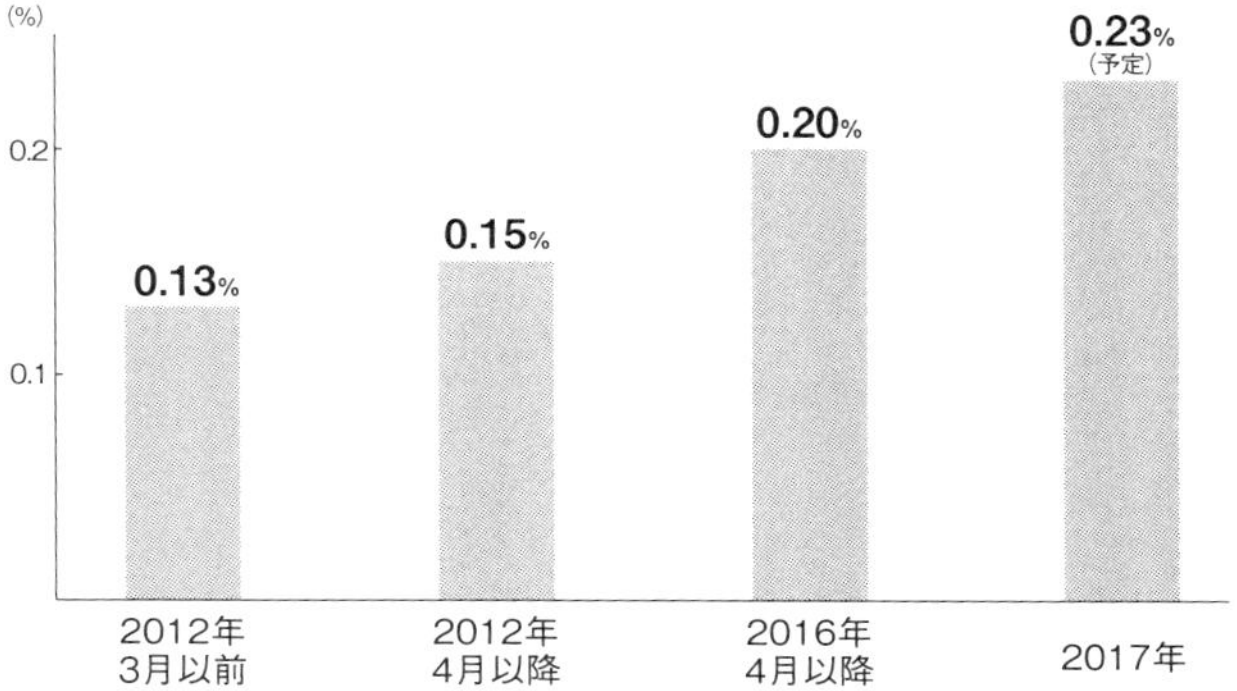

「子ども・子育て拠出金」は、金額がそれほど大きくはないので、気にとまらずにスルーしてしまう人もいるだろう。

しかし、現在の日本には、この手の「見えない税金」が氾濫《はんらん》している。

さらに昨今、待機児童問題が大きくクローズアップされているが、ここにも実は巨大な「見えない税金」が存在しているのである。

おそらく普通の人でも、収入の2～3割は、「見えない税金」を支払わされているはずだ。

しかも、これらの「見えない税金」は、本当に少子高齢化のために使われているのではない。本来ならば、社会保障、社会福祉は、普通の税収で十分に賄《まかな》えるはずなのだ。

近年の日本は、必要な手当てを怠《おこた》り、財政

を極度に悪化させ、少子高齢化の備えもまったくしてこなかった。

そのツケを「見えない税金」でカバーしようとしているのである。

本書を読み終えた時、おそらくあなたは怒りを禁じえないはずだ。そして、日本の行く末を案じて、暗澹《あんたん》たる気分に陥るはずだ。

第1章

待機児童問題という「見えない税金」

待機児童という「見えない税金」

教育費というのは、見えない税金の代表的なものとさえいえる。

日本の教育費は、さまざまな形で、**本来政府が担うべき負担を国民に背負わせているの**である。

その最たるものが、「待機児童問題」である。

日本は、少子化で子供が少なくなっているにもかかわらず、いまだにたくさんの待機児童がいる。

小泉純一郎内閣が、「待機児童ゼロ」の公約を打ち出したのは、もう10年以上も前の話である。

それなのに「待機児童ゼロ」などというのは、夢のままである。

いくら待機していても認可保育園に入れないので、必然的に無認可の保育施設が使用されることになる。

無認可の保育施設は、公的な補助金がないため利用料が非常に高額である。安くても月

6～7万円かかる。数十万円かかることも珍しくない。パートの主婦の給料などは、ほとんどが保育料で消えてしまう。

しかも、無認可の保育施設は職員が不足し、悲惨な事故もしばしば起こっている。

無認可保育所の高額の保育料こそ、見えない税金そのものなのである。

なぜこんなことになってしまっているのか？

実は、公的な保育施設が増えないのは、「保育業界側」が増やすのを拒んでいるからなのである。

現在の保育所というのは、多額の補助金が支払われている。そして保育業界にとっては、それが巨大な既得権益になっている。そのため保育業界側がこれ以上保育施設を増やそうとしたがらず、新規参入を拒んでいる。

それこそが待機児童問題がいつまでたっても解決しない、最大の要因なのである。

現在、補助金の出る認可保育園をつくろうと思えば、一定以上の敷地を持ち、従業員は全員、保育士の資格を持っていなければならない。しかも給食設備を自前で持っていなければならない。

もちろん都心部ではその施設を整えるだけの敷地を得るのはむずかしい。だから、新しく認可保育園をつくるのは、非常にむずかしい。

それが待機児童問題になっているのだ。

かといって、では認可保育園以外で保育園事業を行ってならないのか、というとそうではない。無認可でも保育事業はできるのだ。認可と無認可の違いは、公的な補助金が出るか出ないかというだけのことなのだ。

もちろん補助金が出たほうが、保育料は安くなる。補助金がもらえなければ保育料は著しく高くなるので、児童が集まらず経営が成り立たない。だから、そうそう無認可の保育所はつくれない。

そうやって、保育業界が、新規参入を阻んでいるのだ。

もし、この規制が本当に子供たちを守るためのものであれば、国は無認可保育所の開設を認めてはならないはずである。

この規制の趣旨は、「子供たちに安全な保育施設を提供する」というものである。

だから、この趣旨から見れば、無認可保育所が認められているのはおかしい。

しかし、無認可保育所は別に禁止されているわけではない。

なぜかというと、もし無認可の保育事業はできないということにすれば、待機児童が爆発的に増え、国民の大反発を食うからである。

つまり、この規制というのは、**子供たちを守るためのものではなく、保育業界を守るためだけのもの**なのである。

ボロ儲けする民間認可保育所

実は民間の認可保育所（保育園）というのは、非常に儲かるビジネスなのである。

次のページの表を見てほしい。

0歳児を1人預かれば、毎月20万円以上の補助金が国からもらえるのだ。

規定では保育士は0歳児3人につき1人をつけておけばいいことになっている。そして保育士の給料は20〜30万円である。ということは、0歳児が3人いれば、補助金から保育士の給料を差し引いても30〜40万円の収入になる。

これにプラスして、自治体からの補助金や保護者から徴収する保育料がある。保育料は、地域や保護者の所得によって異なるが、児童1人あたり2万円程度はもらえることになる。

認可保育園の補助金の額（1人あたり）

0歳…毎月20万円前後 

1歳～2歳…毎月15万円前後 

3歳～5歳…毎月7万円前後 

児童を30～40人も抱えていれば、毎月数百万円の収入になるのだ。

しかも認可保育所には、固定資産税や法人税がかからない。だから、固定費も非常に安く済む。

保育所をつくるためには、土地と建物が必要なので、初期投資は必要だが、それさえ用意すれば、後は**かなり美味しいビジネスなのである。**だから、逆に言えば、土地と金とコネを持っている人にとっては、これほど美味しい商売はないのである。

民間の保育所の経営者というのは、地主であったり、寺社であったりなど、その地域の有力者である場合が多い。彼らが自分の広い土地に保育所をつくり、税金もほとんど払わず、補助金をがっぽりもらって潤《うるお》い続けてきたのである。

筆者は、国税調査官だった当時、寺が経営している保育所に税務調査を行なったが、経理内容はひどいものだった。子供の数を過少申告して、収入を誤魔化《ごまか》し、経営者が着服していたのである。経営者というのは、寺の住職である。この住職は、ベンツを乗り回していた。「坊主頭でベンツに乗っていれば、周りの車はみなよけてくれる」などと、悪びれず高笑いしていたのを記憶している。

一族が支配する保育所

民間保育所というのは、社会福祉法人によって運営されていることが多い。

この社会福祉法人というのは、税制上、さまざまな優遇措置を受け、補助金も投入されているにもかかわらず、内部の経理関係は不透明になっている。外部からの監査や指導が、ほとんどないからである。

だから報酬なども、理事長の意向で決められる。

保育士は安い給料でこき使い、自分は多額の報酬を受け取るということも多い。明確なデータはないが、民間保育園の理事長の報酬の平均は1000万円を超えているのではないかという見方もある。

そして人事権、運営権などは事実上、設立者（ほとんどが理事長）の手に委ねられている。

だから民間保育所を設立したオーナーが一族郎党を職員として雇い、理事長は代々その一族が引き継いでいる、というケースも非常に多い。実際に、民間の保育所の理事長には、2代目、3代目オーナーであることがざらにあるのである。

「既得権益」の典型的な例だといえる。

このように、民間の認可保育所というのは、非常にボロい商売なのだが、経営者たちにとって、一番の悩みは**「新規参入」**なのである。

少子高齢化が進み、この先、子供の数は減るばかりである。もし、公立の保育所や認可保育所が増えれば、将来を脅かされる。

そのため、いくら待機児童が増えようが、新規参入を必死に阻止しているのだ。

つまり**待機児童問題というのは、予算不足の問題などではなく、既得権益問題**なのである。保育園を経営する地域の有力者たちが自分の既得権益を守るために、待機児童問題を引き起こしているのだ。

認可保育園をつくるのは絶望的にむずかしい

新たに認可保育園をつくるのが、どれだけむずかしいかを説明したい。

次のページの表を見てほしい。

保育所が認可されるための基本条件である。

これを見ると、子供1人につき、屋内に2畳分、屋外にも同程度の土地を用意しなければならないということだ。

そして、保育所が認可されるためには、原則として60人以上の子供を預からなければならない（特別に認められれば20人以上でも可能）。

60人の子供を預かる場合は、ほふく室、遊技室だけで面積200平方メートル、運動場も200平方メートル以上なければならない。これに調理室、医務室などを揃えていなければならないのだ。この条件に合うような施設を都心でつくるのは、非常に困難だといえるだろう。建物はともかく、民間人がこれだけの広さの運動場を準備するのは、都市圏で

「認可保育所の設備の基準」

第三十二条保育所の設備の基準は、次のとおりとする。	
一	乳児又は満二歳に満たない幼児を入所させる保育所には、乳児室又はほふく室、医務室、調理室及び便所を設けること。
二	乳児室の面積は、乳児又は前号の幼児一人につき一・六五平方メートル以上であること。
三	ほふく室の面積は、乳児又は第一号の幼児一人につき三・三平方メートル以上であること。
四	乳児室又はほふく室には、保育に必要な用具を備えること。
五	満二歳以上の幼児を入所させる保育所には、保育室又は遊戯室、屋外遊戯場（保育所の付近にある屋外遊戯場に代わるべき場所を含む。次号において同じ。）、調理室及び便所を設けること。
六	保育室又は遊戯室の面積は、前号の幼児一人につき一・九八平方メートル以上、屋外遊戯場の面積は、前号の幼児一人につき三・三平方メートル以上であること。
七	保育室又は遊戯室には、保育に必要な用具を備えること。

（児童福祉施設の設備及び運営に関する基準から抜粋）

は不可能といえるだろう。

また認可されるためには、前記の施設を用意するだけではダメである。経営者の保育事業の経験や、資産状況なども問われる。そして認可の判断は、最終的に、自治体に委ねられている。市町村の役人や、議員などの知り合いが優先的に認可されているのは、いうまでもない。

つまりは、**「お金」「土地」「コネ」がある者しか、認可保育所はつくれない**のである。

保育所の認可を自治体が制限している

しかも保育所というのは、その設置数が、自治体によって調整されている。児童不足で保育所が経営難に陥らないように、自治体が気を配っているのだ。

それは、厚生労働省からの指示によるものである。

信じがたいことに、厚生労働省は、自治体に対し「需要以上に保育所をつくらないように」という通知を出しているのだ。

「児童が不足して保育所がつぶれるのはまずい」

そして、そのためには、

「保育所が不足して待機児童が増えるのは構わない」

ということなのである。

しかも、この通知は非公開でも何でもなく、一般の人にも知れるものである。

その通知というのは、2000(平成12)年3月30日に厚生労働省から全国の自治体に発せられた「保育所の設置認可等について」という通知である。

この「保育所の設置認可等について」の第1条「保育設置認可の指針」の冒頭には、次のような記述がある。

一　地域の状況の把握

都道府県及び市町村(特別区を含む。以下同じ。)は、保育所入所待機児童数をはじめとして、人口数、就学前児童数、就業構造等に係る数量的、地域的な現状及び動向、並びに延長保育等多様な保育サービスに対する需要などに係る地域の現状及び方向の分析を行うとともに、将来の保育需要の推計を行うこと。

これをざっくり言うと、児童の数を把握し、保育所の需要を調べること、という意味である。つまりは、各保育所の児童数が足りなくなるような認可はしてはならないということである。

これは、実はとんでもないことである。

認可権のある自治体が、保育所の需給を調整しなくてはならない、つまりは、既存の保育所がある地域には、新規参入が非常にしにくい構造になっているのだ。

また、この通知文の中には、「地域の現状及び方向の分析を行う」となっている。これは、「今の状況だけじゃなく、将来の需要も考慮しなさい」という意味である。

つまり、これは暗に「将来、子供が減る恐れがある場合には、むやみに保育所をつくるな」と言っているわけである。今の日本では、ほとんどの地域で、将来、子供が減る恐れがある。だから、ほとんどの地域で保育所の認可はなるべくするな、ということである。

この通知こそが、日本全国で保育所が不足している最大の要因だといえる。

保育業界は左右の政党と深い結びつきを持っている

そもそも、なぜ保育業界は、このように政治から守られているのだろうか？

その答えも、しごく簡単である。

保育業界は、各政党の強力な支持母体となっているからなのだ。

保育業界には、日本保育協会、全国私立保育園連盟、全国保育協議会という3つの業界団体がある。

この3つの団体は、厚生労働省の部会などにも参加しており、政治的に強い力を持っている。

このうち日本保育協会、全国保育協議会というのは、自民党の支持母体である。全国保育協議会は全国社会福祉協議会の下部組織であり、全国社会福祉協議会自体が自民党の支持母体なのだ。この会長には、元自民党の重鎮である斎藤十朗氏（元厚生相）が就いているのだ。また日本保育協会の関連団体の要職にも、自民党の議員が就いている。

つまり私立保育所業界というのは、自民党にベッタリなのである。

しかも**保育業界のたちの悪いところは、左翼系の政党との関係も深い**点である。

公立の保育所には、左翼系の労働組合が入っており、その影響力が強い。東京の公立保育所は、共産党の労働組合の影響下にあり、他の地方の公立保育所は、自治労（全日本自治団体労働組合）の影響下にある。

公立の保育士たちは、非常に待遇がいい。普通の民間企業よりも、格段にいい給料をもらっている。彼らはその待遇を守りたいがために、民間の認可保育所の新規参入を嫌っている。保育所ができすぎて、既存の公立保育所がつぶれるようになると困るからである。

また自治体の中には、公立保育所を民間に委託しようという動きもあるが、公立保育士たちの組合の反対運動で、ことごとくつぶされているのだ。もし公立保育所を民間に委託できれば、予算の余裕ができて、保育所を増設できるにもかかわらず、である。

つまり私立保育園の経営者と、公立保育園の保育士は、利害が一致しているのだ。

普通、自民党と左翼系の政党（共産党、社民党）などは、意見が対立することが多い。しかし、こと保育行政に限っては、両者はがっちりとタッグを組んで、保育業界の既得権益を守っているのだ。

日本の政界全体が、保育業界を守ろうとしているのである。その犠牲になっているのが、待機児童なのだ。

つまり、**日本の政界全体が日本の将来を犠牲にして、保育業界の既得権益を守っている**ということなのである。

保育所は十二分に補助金をもらっているのに保育士には低賃金

そして保育業界は「労働環境の悪さ」という問題も抱えている。

民間の保育士の**給料が低いのは、認可保育所の欲深さが大きな要因**ともなっている。

民間の認可保育所が、ボロ儲けしていることは前に述べたとおりだが、奴らは、人件費も相当にケチっているのである。

次の図を見ていただきたい。

公立保育所の保育士は、全サラリーマンの平均よりも高い給料をもらっている。しかし保育士全体となると、サラリーマンの平均よりもかなり低くなる。なぜならば、民間の認可保育所の給料が安いからである。

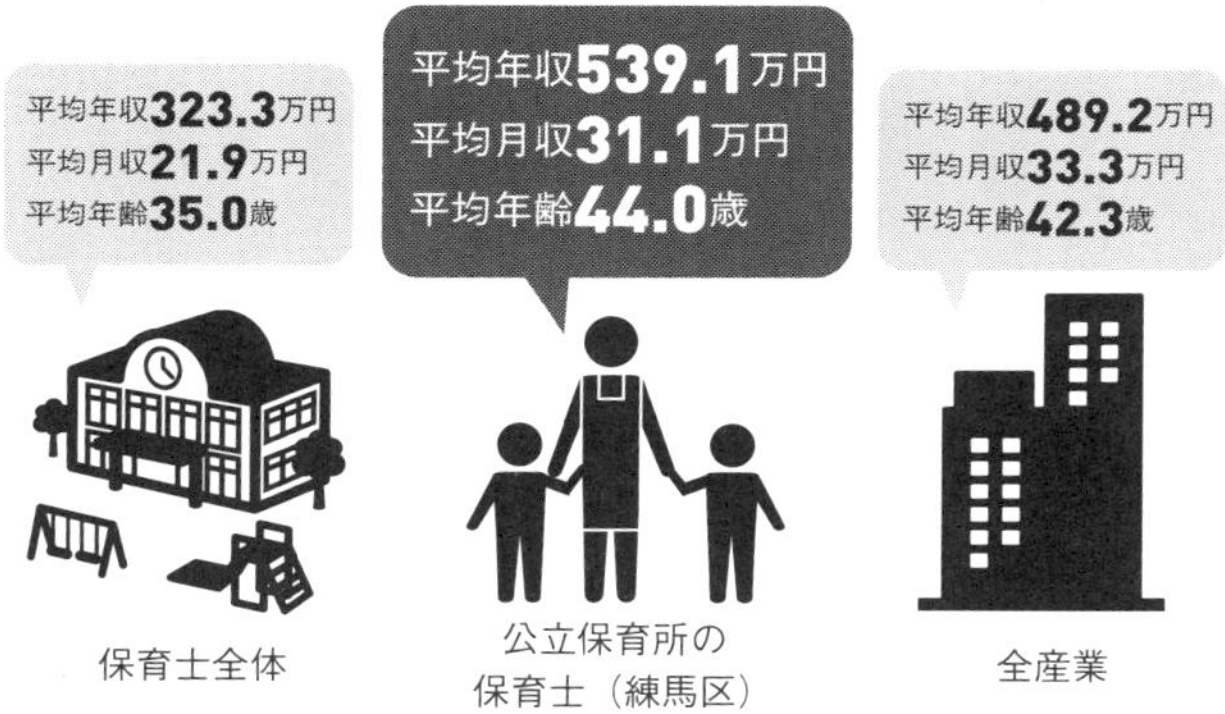

東洋経済オンライン「『保育士の給料』はいったいどれだけ安いのか」より

認可保育所には、0歳児1人あたり20万円程度の補助金が出る。

保育士は0歳児3人に1人つければいいので、保育士には40万円程度の給料を払っても十分におつりがくるのだ。にもかかわらず、ほとんどの民間認可保育所では、20万円程度の給料しか払っていない（20万円以下の場合も多々ある）。これだけの補助金をもらっているにもかかわらず、である。

そして民間の認可保育所には、非常に悪辣な人事システムを採っているところが多いのだ。初任給は20万円程度なのだが、昇給がほとんどないのだ。だから、新卒の就職先としては悪くないが、長く働くことはできない。

これはどういうことかというと、保育士は、若くても年配でも、仕事の内容はほとんど変わらない。保育所としては昇給をせずに職員が辞めても、若い人を雇えばいい、という発想になっているのだ。

そのため保育士という仕事の魅力がなくなり、志望者が減っているのだ。


保育士の給料を上げることは非常に簡単なのである。

保育士の給料をあらかじめ規定しておき、その給料を支払っていない保育所や、退職者が多い保育所は認可を取りやめるということにすればいいのだ。

子供の人数が少なくて、保育士の給料が確保できない保育所には、補助金を上乗せすればいいのである。それくらいの補助金は出そうと思えばいつでも出せるのだ。

最近では人手不足の影響か、一部エリアの保育士の給料は上がってきているが、まだまだ全体としての待遇は悪い。

保育士の給料が安いのは理事長が私腹を肥やしているから？

昨今、保育士の給料の安さが問題とされているが、実は保育士の給料が安いのはおかしいのである。

先に述べたように、保育所には、児童1人あたりに7～20万円前後という大きな補助金が支給されている。また保育所には、固定資産税も法人税もかからない。最初に遊具などを設置してしまえば、ほとんど経費はかからないのである。

そして現在の保育所は、一定の児童数を確保されるように、自治体が調整している。保育士に十分な給料を払っても、十分に儲けが出るようになっているのだ。

にもかかわらず、保育士の給料が安いのはなぜか？

それは、簡単である。

「保育所の経営者が、私腹を肥やしているから」である。

このことは、以前から自治体も気づいていたようである。

以下の新聞記事を見てほしい。２０１６年7月27日に日本経済新聞のオンラインで配信されていたものである。

都内自治体、保育所向けの補助金を精査　保育士の賃上げ推進で

―　認可保育所への補助金が保育士の給料引き上げに生かされているかをチェックする動

きが、東京都内の自治体で広がっている。足立区は一部の保育所で保育士の給料が増えているかを追跡調査。千代田区は運営業者に賃金台帳の提出を求めている。保育士の待遇改善を推進することで担い手を確保し、保育所に入れない待機児童の解消につなげたい考えだ。

足立区は2016年度から、保育士の給与引き上げを目的に前年度支給した補助金が適正に使われたかどうかの追跡チェックを始めた。公設民営の認可保育所を対象に、保育士が実際に受け取った給料の金額を調査。改善していない事業者には前年度支給した補助金の返還や減額などを求めた。

千代田区は今年度から、保育所の運営業者が前年度の事業報告書を提出する際、これまで義務付けていなかった保育士の賃金台帳を提出するよう求めている。同区は保育士の給料を月2万円上乗せするための補助金を出している。補助金を目的外に使っていることが発覚した場合は、返還を求める。

世田谷区は昨年、保育所への補助金の交付要綱を改定する際、保育士の待遇に関する規定を追加した。開設して2年目以降の保育所が補助金を受けるには「前年度の経常収入に対する人件費の比率が50％以上であること」を条件にした。「保育の質をみるには

人件費がひとつの目安となる」（同区）からだ。～中略～

　認可保育所に対しては、都が児童福祉法に基づいて立ち入り調査しているが、保育所1カ所につき3～5年に1回程度。区の調査もこれまでは運営面のチェックが中心で、保育士一人ひとりの給料がどれだけ改善されているかを把握するのはむずかしいという。


この記事を読んでもらえばわかるように、保育士の待遇改善のために補助金を出しても、それが保育士に渡っていないケースが多いことがうかがえる。

小規模認可保育園は本質的な救いになっていない

このように、強欲な保育業界、無策な政治家たちではあるが、さすがに国民の不満を察したらしく、２０１５年から「小規模認可保育園」という制度を新たにつくった。

これは、今まで認められなかった19人以下の保育施設も認可して補助金を出すことにする、というものである。

この小規模認可保育園は、スタートして2年なのだが、すでに２０００か所以上に達している。いかに保育施設が足りなかったか、という証左である。

が、この小規模認可保育園も、本質的な救いにはなっていない。

小規模認可保育園は一定の基準をクリアすれば誰でもつくれる、ということではなく、認可されるかどうかの最終判断は自治体に任されているのだ。だから各自治体の都合により、つくられる小規模認可保育園の数にばらつきがある。既存の保育所の力が強ければ、その地域ではなかなか小規模認可保育園が増えないのだ。

それと、もうひとつ大きな問題がある。

それは、「小規模認可保育園は0歳児〜2歳児しか預けることができない」ということである。保育業界は、国民の反発を恐れて、小規模認可保育園の制度を許したが、保育業界全体を開放したわけではなかったのである。0歳児〜2歳児までの「市場」だけを開放したのだ。

2歳児までは小規模認可保育園を使えるが、3歳以降になると他の保育施設を探さなければならない、そういう仕組みをつくることで、既存の保育所の既得権益を守っているわけである。

「赤ん坊のうちは自分で面倒を見て、手がかからなくなってから、また働きたい」

と思っている若い母親は多いはずだ。そういう母親にとって小規模認可保育園は、何の救いにもなっていないのだ。

安倍首相は日本が死ぬのを待っているのか

実は国は、待機児童を本気でなくす気はないのである。

たとえば安倍内閣が、２０１７年度の予算で、保育士の待遇改善のために支出した額は、わずか４９２億円である。

待機児童問題など、２０００億円も出せば簡単に解決する。２０００億円も出せば保育所は２０００カ所くらいつくれるので、待機児童問題など簡単に片付くのだ。

平成29年度予算は全体１００兆円近いので、２０００億円はそのわずか０・２％にすぎない。そのくらいのお金を出すくらいどうにでもなるはずだ。

実際に、公共事業費だけで約6兆円が予算計上されているのである。子供を預ける場所がなく、困っている若い夫婦が大勢いる中で、道路やダムなどの公共事業に巨額の予算を使っているのだ。

今の少子高齢化がこれほど進んだ日本で、育児支援よりも優先してやらなければならないことなど、そうそうないはずだ。本気で待機児童問題を解決しようと思えば、そのくらいのお金を政府はいつでも出せるのだ。

なぜ国は本気で解決しようとしないのか？

何度かふれたように国は保育業界を守りたいということである。

待機児童をゼロにするということは、保育所の受け入れ人数と入所希望の児童数が一致するということである。今の児童数に合わせて保育所をつくってしまうと、将来子供が減った時に、保育所が余ってしまう。

それを避けるためには、「現在、ある程度の待機児童が出るのは仕方がない」という認識である。

安倍晋三首相は、2017年2月の国会答弁で次のように述べた。

「2017年度末（2018年3月）に待機児童ゼロは非常に厳しい状況になっているのは事実」

安倍首相は2013年に首相に就任した当初、2017年度末に待機児童ゼロを目指すと述べていた。その約束は反故《ほご》にされたわけだ。

「今の待機児童問題は、子供が減ればいずれ解決する。今、急いですることはない」という認識であることは間違いない。

しかし子供が減るということは、日本が衰退するということと同義である。今の日本の人口動態が続けば、数百年も経てば日本は滅んでしまう。いや、あと20年も経てば、国の経済が大勢の老人を背負いきれず、破綻してしまう。今の日本の人口動態を見れば、どんな経済学者もこれは否定できないはずだ。

だから今の日本は、何を差し置いても、子育て環境を整え、子供を増やさなくてはならないはずだ。にもかかわらず、安倍首相は、子供が減るのを待っているのだ。つまり、**日本が死んでいくのを待っている**のである。

実は待機児童をなくすことは簡単

実は、待機児童をなくすことは簡単なのである。

現在の厳しい認可制度を少し緩めればいいだけのことである。先進諸国でも、これほど厳しい認可制度は珍しいのだ。

保育士が不足しているのであれば、保育士の資格がなくても、保育所で働けるようにすればいいだけである。もちろん、子供の安全を守るためには、一定の基準は必要である。だから専門の知識を持った保育士を一定数確保するのは、必要だろう。

しかし、職員のすべてに保育士の資格を義務付けるほど、厳しくなくてもいいはずである。

・全職員の過半数は保育士とする
・全保育時間中に、必ず一定数の保育士がいなければならない

等々の規制で十分なはずだ。

「子供の面倒を見る」ということが、それほど専門的な資格が必要なはずはない。専門的な資格を持って子育てをしている親などほとんどいない。ほとんどの親は、保育士の資格を持たずに、子供の面倒を見ているのである。

だから「乳幼児以外」は、それほど専門的な資格はいらないはずである。

にもかかわらず、職員全員に保育士の資格を義務付けるというのは、保育園という業界を守っているにすぎないのだ。普通に考えて、従業員の2人に1人くらい保育士資格保有者がいれば十分だろう。

現在、高齢者が激増しており、年金暮らしで時間を持て余している人も多い。そういう人の中には、若干、給料が安くても、子供の面倒を見たいと思っている人もかなりいるはずだ。昔から子供の面倒を見るのは、高齢者の仕事のひとつだった。

「何もすることがない高齢者がたくさんいるのに、子供の面倒を見る人が足りない」

という社会は、非常に不自然な構造だといえるはずだ。

また保育所認可の条件となっている「給食設備の義務化」なども、時代錯誤も甚《はなは》だしい。今時、安くて安全な食事は、外部委託でいくらでも提供できるのである。自前でやるほうが、よほど高くて危険になりがちである。

なぜ給食設備を持っていなければならないか、というと、厚生労働省は「子供たちとのふれ合いを大切にするため」などと弁明しているが、これも要は既存の保育所の既得権益を守るためなのである。

保育所では、子供たちとのふれ合いは四六時中行われているわけである。給食を自前で出すほうがふれ合う時間が減るはずである。

厚生労働省の言い分は、業界を守るための典型的な言い訳にすぎないのだ。

平成22年度から3歳以上の児童に対しては、食事の外部搬入も可能となった。しかし、3歳未満の子供を預かる保育所は給食施設がなければ、認可されない。

これらの規制は明らかに「非常識」であり、いたずらに待機児童問題の解決を遅らせているのだ。

先進国でこのようなバカバカしい規制を維持しているのは日本だけである。

もし認可保育園の基準を、「常識」程度に緩和すれば待機児童問題など、簡単に解決するのだ。待機児童問題の解決を妨げているのは、保育所という業界の既得権益なのである。

何度も言うが、少子化対策は、今の日本では何を差し置いてもやるべきはずである。にもかかわらず、既得権益を守るために、国民生活を犠牲にしてしまっている。ここでも国民は多額の「見えない税金」を払わされているのだ。

保育所の応募に落ちた人が、ＳＮＳで「日本死ね」と発信したことが話題になったが、まさに「こんな日本なら死ね」ということである。

だれが無認可保育所の児童を殺したのか？

何度もふれてきたように、認可保育所における高い設置基準は、子供たちを守るためのものではなく、保育業界を守るためにあるということである。

もし、子供たちを守るためにあるというのなら、その基準をクリアしていない保育所を許すべきではないし、無認可保育所の存在を認めないということになれば、行政は子供たちを全部、収容できるように認可保育所をつくらなければならない。

行政はそれをせずに、待機児童を生じさせてしまっている。認可保育所に入れれば、子供たちは手厚い保護を受けられるが、入れなければ、安全はまったく保障されない。しかも、認可保育所に入れない子供たちが大勢いるのだ。

その結果、実際に認可保育所に入っていない子供の安全は守られていないのである。

２０１６年3月には東京日本橋の無認可保育所で、１歳の男の子の死亡事故が起きたのをご記憶の方も多いはずだ。

これにとどまらず、無認可保育所での死亡事故はこれまでにも数多く起きている。保育所での死亡事故の7割は、認可外の保育所で起きているのだ。

認可外の保育所に入っている児童は、保育児童全体の1割程度である。つまり1割しかいない認可外保育所の児童が、死亡事故の7割を占めているのである。認可保育所の20倍以上の確率で死亡事故が起きているのだ。

認可外保育所が、認可保育所に比べていかに危険な場所であるか、ということである。

認可外保育所での死亡事故などが起きた時、決まって保育所のずさんな保育実態が指摘される。保育士の人数が少なすぎる等々である。

が、認可外保育所で、事故が多発する最大の理由は、「補助金が一切出ていないこと」である。

保育事業というのは異常な仕組みになっており、認可されれば先ほども述べたような手厚い補助金がもらえるが、認可されなければ補助金はまったく出ないのである。その差は、天国と地獄ほどである。

認可外保育所は、当然のように、経費を削るために使用する人数を制限することになる。目が行き届かなくなり、安全が脅かされるということである。

なぜ認可外保育所にもある程度の補助金を出すなどして、「子供の安全な場所」を確保しないのか？

なぜ異常に高い基準をつくって、保育所の数を制限し、無認可保育所に預けざるを得ない子供たちを生じさせてきたのか？

無認可保育所の事故で死亡した児童というのは、保育所の過失で死亡したのではない。既得権益にしがみつく保育業界に殺されたのであり、保育業界を擁護してきた自民党、民進党、社民党、共産党の議員たちに殺されたのである。

対策

保育業界の既得権益を破壊せよ！また無駄な規制も撤廃すべし！

第2章

小中学校の教育費がピンハネされている

公立中学校なのに月4万円かかる

小中学校の教育費も「見えない税金」のひとつである。

小中学校の授業料は、原則無料である。が、日本の小中学校の場合、付帯費用が非常にかかる。

小中学校では、給食費、学級費、教材費、修学旅行積立金等々が必要である。しかも、現在の公立の小中学校の授業だけでは、高等教育に進むには不十分なために、塾などにも行かせなくてはならない。

これらはバカにならない。

「教育費がかかるから、子供を産まない」という夫婦はそうはいないだろう。が、「教育費がかかるから、2人目、3人目はあきらめよう」という夫婦は、けっこういるはずだ。

日本で少子化が進んでしまった要因のひとつとして、教育にお金がかかりすぎるという点もあるはずだ。

文部科学省の「平成26年度子供の学習費調査結果」では、家計から支出した教育費は、公立小学校に通う小学生1人あたり6年間で192万4000円だった。

公立の小学校でも年間に30万円以上かかっているのだ。月2万円強のお金がかかるわけである。

しかも中学生になるとその額は、跳《は》ね上がる。1人あたり144万5000円となり、年間50万円近い（公立中学校）。

年間50万円ということは、月に4万円程度である。

公立の中学校に通っていても、月に4万円もかかっているのだ。

この調査における「学習費」というのは、給食費などの学校内の費用と、塾などの学校外の費用を合わせたものである。

小学生につき毎月2万円強、中学生で毎月4万円もかかるとなると、家計には相当に負担となる。昨今の不景気では、これが払えない家も多いはずだ。

この高い教育費も、実は「見えない税金」だといえる。

日本人にとって、この高い教育費は当たり前のように思えるかもしれないが、これは、世界的に見たら尋常《じんじょう》ならざることである。

公立の小中学校でこれほどお金がかかるのは、先進国でもそう見当たらない。また塾に行かないと教育が完結できない、という国もほとんどない。

本来、日本人は、こんな高い教育費は払わないで済むはずなのである。にもかかわらず、こんな高い教育費を負担しているのは、そこに「見えない税金」が存在するからなのである。

なぜ日本の教育費は高いのか？

なぜ日本の教育費は、こんなに高いのか？

それは簡単に言えば、**公的な教育システムが腐敗しきっている**からである。

ここで興味深いデータをひとつ紹介したい。

次の表を見てほしい。これは公立の中学校に通う中学生と、私立の中学校に通う中学生にかけられる教育費の違いを表にしたものである。

当然のことながら、公立中学校と私立中学校では、親の負担額は大きく違う。

私立中学校の年間の親の負担額は文部科学省の調査では約１２０万円である。公立中学

公立と私立の中学校の教育費の違い

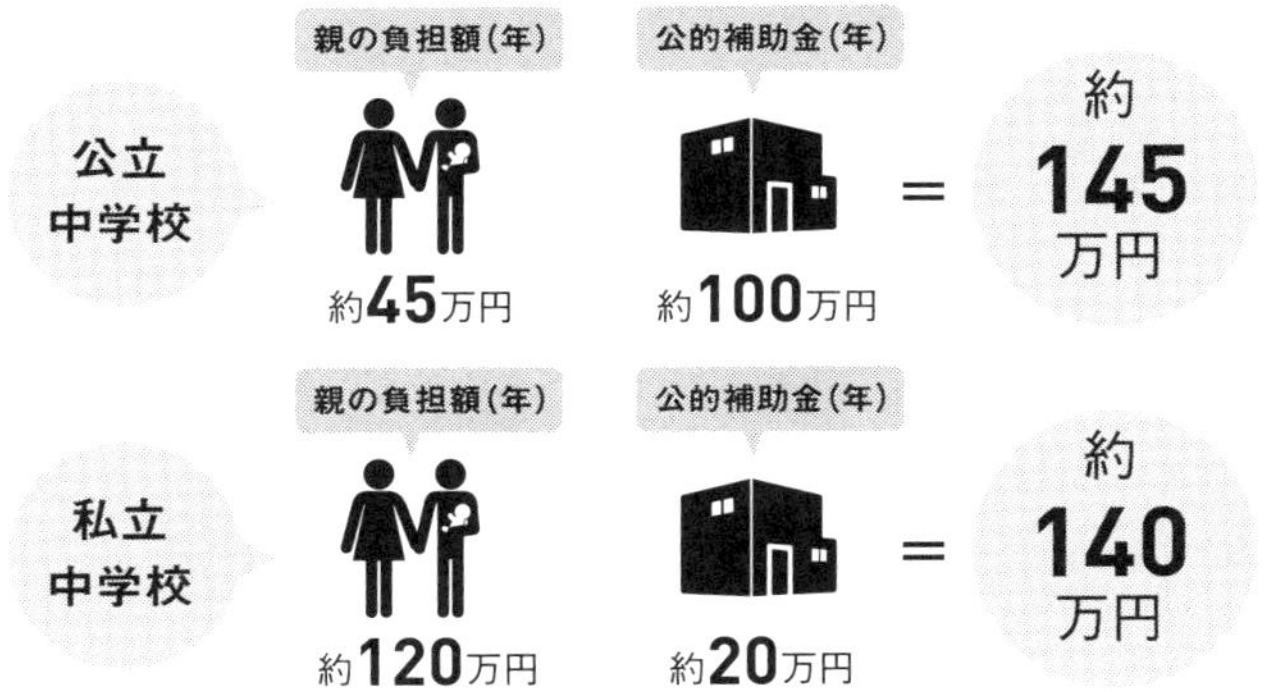

校よりも80万円も多い。

が、税金の支出額を加算してみると、どうだろう。

公立中学校の中学生に使われている税金は1人あたり年間１００万円ちょっとである。それに対して、私立中学校の中学生に使われている税金は20万円強である。

つまり、税金の支出額と親の教育費を合算すれば、公立中学も私立中学も、ほとんど変わらないのである。というより、むしろ公立中学校のほうがお金がかかっているのである。

何がいいたいかというと、公立中学校の生徒も、私立中学校の生徒も、実は同じくらいの教育費が使われているという事実である。

ここで、大きな疑問が生じないだろうか？

公立中学校と私立中学校では、教育の質がまったく違う。

私立中学というのは教員の給料も高いし、数も多い。

つまり私立中学校は質の高い先生を、より多く集めているのである。

授業もわかりやすいし、生徒へも目が行き届くので、公立校のような問題が起きにくく、学力も高い。

ほとんどの親は、もしお金に余裕があるなら、自分の子供は私立に行かせたいと思っているだろう。

しかし、生徒1人に使われている費用は、私立も公立もほぼ同じなのである。

なのに、なぜ公立中学校のほうは、教育がまったく充実していないのか、ということである。**公立中学校に使われているはずの多額の補助金は、いったいどこに行ったのだ、と**いうことだ。

日本の教育費が高くなっている最大の原因はそこにあるのだ。

小中学生1人あたり100万円の補助金はどこに消えた？

なぜ公立中学では私立中学と同じようにできないのか、公立中学に投入されている1人あたり100万円の税金はいったい何に使われているのか。

中学校に限らず、公立の小学校でも生徒1人あたり年間100万円近くの税金が使われている。

このことは国税庁のPR誌やHPにもよく登場する。

「子供1人に100万円も使われているなら、国民にも税金というのは還元されているじゃないか」

そう思う人が多いので、税務当局の格好のアピール材料となっているのだ。

しかし、よくよく分析すると、このコピーこそが、日本の税金の無駄遣いを象徴するものだということがわかる。

日本の公立小中学校の学級の平均人数は20数名～30名である。1人に100万円近くの税金が使われているとすれば、30人学級であれば、年間3000万円である。

小中学校のひとつの教室に年間3000万円もの巨額のお金が使われているのだ。ひとつの学校には数億円のお金が1年間に使われている計算になる。

はたして、あなたの子供の教室に、年間数千万円のお金が使われているように感じられるだろうか？

小中学校の登校日は年間200日程度だ。

ということは、1登校日あたりに使われている税金は約5000円である。つまり子供1人が1日学校で授業を受ける費用というのは、5000円という計算になる。

はたして、子供たちは学校で「1日5000円」の価値のある教育サービスを受けているだろうか。

いまだに冷暖房の完備されていない教室で、20～30人に対応する1人の教師。何十年もほとんど内容が変わらない、おもしろみのない教科書。

今の公立学校の授業なら、どう高く見積もっても、1日1000円が限度だろう。無料だからみんなが行っているものの、**これが毎日5000円を自腹で支払えと要求されたら、今の学校に登校させる親がいるだろうか。**

もし民間の学習塾などに、1日5000円の授業料を払えば、至れりつくせりの非常に高度な教育サービスを受けられるはずだ。利便性の高い場所で、冷暖房は当然完備されるだろうし、教師も個別指導に近い環境が提供されるはずだ。

たとえば大手の予備校の全日制で年間の受講料は、だいたい60万円程度である。

小学校が使っている税金の半分ちょっとである。しかも予備校の場合、駅前の一等地にあるケースが多く、高い場所代、高い法人税、固定資産税なども払っている。講師なども高給で優秀な人を集めている。

にもかかわらず、公立小中学校よりもはるかに安い費用で運営されているのだ。

一方、公立の小中学校は、法人税も固定資産税もかからない。なのに、このお粗末な教育内容は、どういうことであろう？

これを見た時、誰もが小中学生１人に１００万使われているという教育費は、いったいどこに行っているのか疑問を持たざるをえないはずだ。

給食にフランス料理が出ているのか？

「教育費がかかりすぎている」

この批判に対して、おそらく教育関係者たちはこういうだろう。

「公立学校にかかる教育費はただ授業をするためのお金だけじゃない。給食などにもお金がかかっているんだ」

しかし、この**給食費こそが、教育費無駄遣いのシンボル**でもあるのだ。

というのは、文部科学省の発表では、給食費1食あたり約900円かかっていることになっている。

保護者が払う給食費というのは、月額3900円。1食あたり230円である。

しかし、これは食材のみのお金であり、調理費や光熱費などの経費は税金で賄われている。その税金の支出額は1食あたり650円。つまり、合計で880円もの高額の食事になっているのだ。

給食というのは、栄養士がカロリー計算をしたり、安全な食材を探したりして普通の外食よりも手がかかっているという事実はあるだろう。

しかし給食というのはそれを差し引いても、普通の外食の場合よりもはるかに安く提供できるはずなのだ。

というのも、給食をつくる施設には、家賃もかからないし、税金もかからない。また給食は、ひとつのメニューを大量につくるのだから、それだけコストは削減できるはずである。しかも一定の数の「固定客」がいるわけだから、在庫コストもいらない。

もしこの条件で、民間のレストランが９００円の食事を提供するならば、相当に豪華なものが提供できるはずである。昨今ではフランス料理だって、１０００円前後でランチを出す店もあるのだ。この条件で営業させれば、さらに豪勢なフランス料理を出すレストランもあるだろう。

しかも、この高額給食費は1カ所や2カ所の市町村のことではない。全国の小中学校平均値なのである。この莫大な無駄遣いは、気が遠くなるほどである。


なぜこんな税金の無駄遣いが放置されているのか？

それは、**給食関連費が地域の利権になっている**からである。地元の教育関係者などが、自分の利権としてこの支出を牛耳っているわけである。有力な教育関係者や、地元の顔利きなどが自分の知り合いなどを、給食事業に参入をさせたり、雇用したりしている。そういう「既得利権」が生じているため、手が出せないようになっているのだ。

市町村によっては、自前で給食をつくるよりも業者に発注したほうが安いので、外注にしようとしたところ、教育委員会事務局からクレームがついて実現できなかったというようなことも多々ある。

教育費については、超大掛かりな改革が必要なのである。

教育現場は天下りの温床

教育費の内容について、もう少し詳しく見てみよう。

教育費の75パーセントは人件費である。

1クラスあたり2000～3000万円の税金が使われているのだから、そのうち1500～2000万円が人件費として支払われているのだ。

これが非常に不思議な点である。

今の日本では、1クラスに教師はだいたい1人である。学校の教師の給料というのは、せいぜい年間500万円である。2000万円引く500万円で残りの1500万円の人件費は、どこに行っているのだ？

もしこの人件費が現場でちゃんと使われているならば、子供10人に1人は、教師がつけられるはずである。それでも教育費の半分が教師の給料に使われているにすぎない。あとの半分を諸経費にまわせば、余裕をもって学校運営ができるはずだ。

にもかかわらず、現代の日本の学校では20～30人に１人しか教師が担当していないのだ。

なぜこういうことになっているかというと、大した用もなさない機関が網の目のように絡み合って、大そうな肩書きを持った人たちをたくさん雇う、というお決まりの、お役所税金無駄遣《むだづか》い構図があるわけだ。

文部官僚、教育関係者たちが子供たちのお金をくすねているわけである。

小中学校の教育費というのは、複雑な形で捻出《ねんしゅつ》されている。

公立学校には、国、都道府県、市町村がそれぞれお金を出し合ってつくられているという形になっているのだ。この複雑さが税金無駄遣いの温床《おんしょう》になっているのだ。

まず国のお金が県に行き、県から教育委員会を通して小中学校に配分されている。国の段階でまずピンハネされ、県でもピンハネする。

そして教育委員会というのは、文部官僚たちの格好《かっこう》の天下り先になっている。

文部科学省というのは、直属の公益法人をもっとも多く持っている省庁である。

公益法人というのは、国から多額の補助金をもらっている、官僚の天下り先であることが多いのだが、それをもっとも多く持っているのが文部科学省なのである。

文部科学省直属の公益法人には、教育費もずいぶん流れている。子供の教育費さえ、天下り官僚が横領しているのである。

たとえば、平成28年末に、文部科学省の組織的な天下りが問題となったが、仲介役の文科省OBが参与として勤務していた「文教協会」という公益財団法人がある。

この文教協会という法人は、実体は何をやっているのかよくわからない。

公式サイトには、「文教に関する諸施策の調査研究や、文教に関する情報資料の作成出版等の教育文化活動を行う」となっているが、こんなことは、文科省や、各大学の学者などがやっていることだ。わざわざ公益財団法人などつくらなくてもよさそうなものである。

こういうよくわからない公益財団法人に、莫大な補助金がつぎ込まれ、官僚OBたちが、巨額の報酬、退職金を手にしているのだ。

だから末端の学校現場にまで行き着くお金はほんのわずかになってしまう。2000～3000万円使われているはずの1学級に、教師が1人しかいないのはこのためなのだ。

教育というのは、「どれだけ子供に手をかけるか」でぜんぜん違ってくるはずだ。どんな教育理念よりも、教師がなるべく多くの時間と手間を1人ひとりの子供にかけてやる、それが子供をよくする最善の方法だろう。

子供のお金をピンハネするような奴らが考える「教育理念」がなんの役に立つのか！

教育現場は非常に閉鎖的な場所である。「教育は金儲けではない」という高尚な理念を建前に、非常に閉鎖的なシステムをつくり上げてきたのだ。

教育現場のお金がどういうふうに使われているか、きちんとチェックする機能は無きに等しい。それをいいことに、天下りの温床として教育現場を利用していたのである。

文部科学省は「教育の理念をどうするべきか」などと、いろいろ検討しているようだが、そういうことをする前に、まず**「子供たちの金は子供たちに返せ」**と言いたい！

わけのわからない教育機関を全部まとめて廃止しろ！

教育を阻害している最大の要因は教育委員会をはじめとする「わけのわからない機関群」だといえる。

教育委員会というのは、その仕事自体はお飾りに過ぎないのだが、教育委員会事務局というのが大きな権限を持っていて文部官僚の天下り先にもなっているのだ。

また前述の天下り仲介役をしていた文科省ＯＢが勤務していた公益財団法人などは、何をやっているのかよくわけのわからない団体であり、まったく必要性のない団体である。こういう団体に、多額の教育費が補助金としてぶちこまれ、文科省ＯＢが巨額の報酬を受け取っているのである。

教育界には、そういうわけのわからない機関が腐るほどあるのだ。

それが、結局、公立小中学校のお粗末さの要因となっているのだ。

教育委員会事務局をはじめとする関係諸機関が、現場で使われるはずのお金をピンハネしている、それが日本の教育の質を落としている最大の要因なのだ。

これらを廃止して教育費が本来の使われ方をすれば、今、学校現場が抱えている問題の多くはほとんど解消されるはずだ。


学校の教師というのは、かなりの激務である。

授業を行うだけでもかなりの負担である上に、子供たちの内面の面倒も見なくてはならない。核家族で、多人数の人間関係に慣れていない子供たちを指導するのは大変であろう。

実際に、病欠している教師が増えていることが、社会問題にもなっている。担当する子供の数が減れば、それだけキメの細かい指導ができる。これは、どんな理念よりも優先することであるはずだ。

また「教師になりたい」と思っている若者は多いのだ。だから教師を増やすことは、若者に夢を与えることにもなるわけだ。

現在、日本は深刻な少子高齢化社会を迎えている。となれば子供の教育には何よりも力を入れなくてはならないはずだ。

「親に負担をかけず、十分な教育を受けさせること」

これは、日本が何を差し置いてもやらなければならないはずだ。

にもかかわらず、日本の政治家や官僚は何をやっているのか、ということである。

対策

子供とその親に教育費を還元せよ！
そのために中間搾取している文科省の天下り先を破壊せよ！

第3章
奨学金という搾取機構

日本の大学の授業料は実質世界一高い

教育費が見えない税金となっていることを、これまでさんざん紹介してきたが、その極めつけは、大学の授業料である。

近年、日本の大学の授業料は大変なことになっている。

実質的に世界一高いのである。

そもそも、大学の授業料などというものは、世界中の国が威信をかけて、安くしているものである。高等教育こそが国力の礎だからである。

何度も言うが、日本は少子高齢化社会を迎え、子育てに関しては国家を挙げて支援しなければならないはずなのである。

にもかかわらず、大学の授業料が実質世界一高いというのは、どういうことか?ということである。

次ページのデータを見ていただきたい。

このデータを見ればわかるように、ドイツ、フランスの大学の授業料は、まるで無料の

アメリカで何らかの奨学金を受けている人の割合

「The National Center for Education Statistics」により

先進国の大学の授業料

日本

	入学金	授業料	その他	合計
国立大学	282,000円	535,800円		817,800円
公立大学	397,595円	537,960円		935,555円
私立大学	269,481円	857,763円	187,007円	1,314,251円

※国公立大学は2012（平成24）年度、私立大学は2011（平成23）年度

アメリカ（2009年）

州立大学（総合大学）	約835,000円
州立大学（４年制大学）	約613,000円
私立大学（総合大学）	約3,423,000円
私立大学（4年制大学）	約2,049,000円

イギリス（2011年）

国立大学	最高額約1,100,000円

フランス（2010年）

国立大学	約21,000円

ドイツ（2012年）

州立ボン大学	約24,400円

文部科学省・教育指標の国際比較より

ように安い。

イギリスとアメリカの大学の授業料は、日本よりも高く見えるが、両国は奨学金制度が充実しているため、お金がなくても入れるのだ。

イギリスの場合は、誰でも授業料の全額を国から借りることができ、返済額は卒業後の収入に応じて決められる。そして、収入によっては返済免除となる。だから、収入が少ない人は、全額返済をしない場合もあるのだ。

アメリカでは日本と同様に学生のローン問題が深刻化して社会問題になっているが、アメリカの場合、連邦政府の奨学金、州政府の奨学金、企業の奨学金などの幾多の奨学金制度があり、勉強などができる学生には逃げ道がある。優秀な学生への奨学金は、イギリス、日本の奨学金と違い、原則として返済不要なのだ。

日本の奨学金は、後に詳しく述べるが、ほとんどが返済を要するものであり、収入による返済免除の制度などもない。実質的に、日本の大学生の負担が先進国の中では、もっとも大きいといえるのだ。

近年、高騰した大学の授業料

しかも信じられないことに、日本の大学の授業料がこれほど高くなったのは、最近のことである。

国立大学の授業料は、昭和50年には年間３万６０００円だった。しかし、平成元年には33万９６００円となり、平成17年からは53万５８００円にまで高騰しているのだ。40年の間に、15倍に膨《ふく》れ上がったのだ。

つまり、少子高齢化が進むとともに、大学の授業料も跳ね上がってきたのだ。

日本の政治家や官僚は、やっていることがまったく逆なのである。

なぜこれほど高騰したかというと、表向きの理由は、「財政悪化」である。少子高齢化で社会保障費がかさみ、財政が悪化したために、各所の予算が削られた。その一環として、大学の授業料が大幅に値上げされたというのだ。

しかし、現在の日本の財政悪化は、少子高齢化が原因ではない。詳しくは後ほど述べるが、90年代に狂ったように濫発した公共事業が原因なのだ。90年代から２０００年代にかけて、日本は６００兆円以上の超巨額な公共事業を行なった。それが、日本の財政を悪化させた最大にして、ほぼ唯一の原因なのである。

そして、そのつけを今、日本の大学生が払わされているのだ。

日本の大学生のローン問題

日本は、大学の授業料が高いために、さまざまな問題を引き起こしている。

そのひとつが、大学生の奨学金ローン問題である。

現在、90万人以上の大学生が「有利子の奨学金」を受けて学校に通っている。

この「有利子の奨学金」というのは、奨学金とは名ばかりで、実際はローンと変わらないのである。なぜかというと、どんな状況であろうと必ず返済をしなければならないし、返済しなければ法的措置を講じられるからだ。

実質的には借金と同じである。

この「有利子の奨学金」を受けている90万人以上という数字は、大学生の半数に近い数字である。

彼らは大学卒業時には、数百万円の借金を抱えていることになる。

しかも、最近は好転しつつあるといわれるものの好条件の就職先は限られている。そう簡単にいいところには就職できない。なので、就職もできないままに、借金だけが残っている、という卒業生も多々おり、これは大学の間で大きな問題となっているのだ。

「大学生の半数が、借金をしないと大学に行けない」

などというのは、一昔前の日本では考えられなかったことである。

40代、50代の人には、信じられない話ではないだろうか。

バブル崩壊以前の日本では、奨学金を受けて大学に行くような学生は、あまりいなかった。よほど家庭に事情がある学生だけだったのだ。

今の日本は少子化が進んでいて、就学人口も非常に減っている。その少ないはずの就学世代にさえ、まともに教育を受けさせられていないのである。この国は、もう崩壊寸前とさえいえるだろう。皆さんが思っている以上に、日本という国は終わりが近づいているのである。

焼け石に水の給付型奨学金

現在、大学生の奨学金の大半は、独立行政法人「日本学生支援機構」が行なっている。この日本学生支援機構の有利子奨学金は、学業上の条件さえクリアしていれば、経済面での事前審査はない。だから、だれでもすぐに借りられるのである。しかし返済困難になった時に、救済策は無いに等しい。返済を待ってくれないのである。そして、滞納が続けば、すぐに裁判所に訴えられるのである。冷酷なサラ金業者のようなものである。

この学生たちの惨状を見かねて、救済に乗り出した企業もある。

企業の中には、奨学金を背負って入社してきた社員に対して、一定期間の勤続をすれば、奨学金の一部を払ってやるなどの制度をつくっていたり、学生に返済不要の奨学金を出すところも出てきているのだ。

しかし、これは本来、国がやらなければならない業務である。企業の場合は、自社に入社することが条件であり、そう広範囲に学生を救済できるわけではない。

そもそも奨学金の整備というのは先進国では、国や公的機関が当然行っていることなのである。なぜ、それを日本はできないのか、という話である。

奨学金の返済問題に関しては、政治家や官僚も、さすがに気づいたらしく、最近になって国は、給付型の奨学金の創設に向けて動き出した。

給付額は月３万円を給付し、返済不要という奨学金をつくることになったのだ。私立大学・下宿生については29年度から、それ以外は30年度から開始する予定だという。

しかし、この新しい給付型の奨学金制度は、あまりにお粗末なのである。

この給付型奨学金に対する予算は、年間たったの70億円である。

１人あたり年間36万円支給するとして、せいぜい２万人分にしかならない。有利子の奨学金を受けているのが90万人だから、その２パーセント程度である。

焼け石に水とはこのことである。

年間１００兆円の予算を使っている国家が、大学生の奨学金にたった70億円しか出せないのである。なぜ日本は、こんなに政治が貧困な国になったのか。何度も繰り返すが本当に「日本死ね」ということである。

都道府県の奨学金返還支援制度

都道府県名	対象者の条件	最大支給金額
岩手県	理系学部卒など。自動車などの企業に一定期間就職	**150万円**（対象企業、大卒）
秋田県	①理系学部卒など。自動車などの企業に一定期間就職 ②県内で一定期間就職	**①60万円 ②39万9000円**
山形県	商工、農林水産などで3年間勤務	返還残高などによって異なる
福島県	製造業などで5年間勤務	2年間貸与額
栃木県	製造業で8年間勤務	**150万円**（大卒）
新潟県	県内高校卒など。県外からUターンし、一定期間就職	**120万円**
富山県	理系大学院、薬学部卒。対象企業に一定期間就職	10年働く全額
石川県	理系大学院卒。中小製造業などの3年間勤務	**100万円**
福井県	県外大学卒など。農林水産業などで5年間勤務	**100万円**
山梨県	理系学部卒など。製造業に8年間勤務	2年間貸与額
三重県	指定地域で4～8年間居住・就職	**100万円**
京都府	返済支援制度を設けた中小企業に一定期間就職	**90万円**
兵庫県	返済支援制度を設けた中小企業に一定期間就職	**54万円**
和歌山県	理系学部卒など。対象企業で3年間勤務	**100万円**
鳥取県	製造、情報通信業などで8年間勤務	**144万円**（大卒）
島根県	中山間地域・離島の企業などに一定期間就職	**288万円**（大卒）
山口県	理系大学院卒など。製造業で8年間勤務	2年間の貸与額
徳島県	県内企業で8年間勤務	**100万円**（第1種奨学金）
香川県	理系学部卒。製造業などで3～5年間勤務	貸与月数×**1万5000円**
高知県	県内で一定期間就職。小論文と面接で選考。	**120万円**（貸与期間4年間）
長崎県	検討中	
熊本県	検討中	
大分県	中小製造業の研究職などで6年間勤務	**122万4000円**
宮崎県	県内企業などに1～5年間勤務	**100万円**（大卒）
鹿児島県	県内の高校卒など。県内企業などに就職	**全額**（毎年の返済額）

戦前は、貧乏な子供でも大学に行けた

この大学授業料の高騰問題は、現在の日本の病根を象徴しているといえる。以前の日本はこういう国ではなかった。

なによりも教育を大事にする国だったのである。日本が明治維新以降、急速に成長したのは、その柱に教育の充実があったからである。

戦前の日本は、今よりはるかに経済力がなかった上に、国の大きさに見合わないような大きな軍隊を持っていた。もちろん、財政は常にギリギリの状態だった。それでも、教育費はケチらなかった。というより、教育が国の礎だという意識が徹底し、欧米にも負けず劣らない教育制度を持っていた。

明治政府は、維新後5年目の明治5（1872）年には、早くも義務教育の基礎となる「学制」を施行し、学費を無償化したのだ。明治8（1875）年には、日本全国で2万4303校の小学校を建設している。

これは現在の小学校数2万6000とほぼ遜色ない。

つまり、明治維新からたった8年で、現在とほぼ同様の初等教育制度をつくり上げたのである。もちろん就学率は急激に向上し、明治38年には95・6パーセントに達している。国民のほとんどが小学校に行くことが当たり前になったのである。

当時のアジア諸国の中では群を抜いており、西欧諸国でもこれほど充実した教育を行なっている国はそうはなかった。

また高等教育についても、同様である。

戦前の日本は、どんな家庭の子供でも「能力があれば高等教育を受けられるシステム」をつくっていたのだ。

学費が無料だけではなく、入学すれば給料までもらえるという学校をいくつか設立したのである。具体的にいえば、陸軍士官学校、海軍兵学校、師範学校などである。

この制度があったため、貧しい家の子供でも、能力がある子は社会の指導層に立つことができた。

家のお金では上級学校に進めない子供でも、たとえば師範学校に合格すれば、師範学校から高等師範学校、文理大学と進むことができたのだ。

最終的には大学まで給料をもらいながら行けたのである。

師範学校というのは、教師の養成のためにつくられた学校であり、学費は無料で、若干の給料ももらえたのだ。

また軍関係でも、陸軍士官学校、海軍兵学校に合格すれば、どんな家の子供でも給料をもらいながら学問ができ、軍の士官になることができた。陸軍士官学校には朝鮮半島からの入学者（韓国人）も多かった。つまり韓国人でも、無料で高等教育を受けられ、日本軍の士官になれたのだ。

軍関係では、このほかに経理学校や軍医学校などもあった。

また帝国大学に受かった者が、軍の委託生となり、軍から給料をもらいながら学ぶという制度もあった。これは卒業後に軍に入るという約束のもとに学費等を軍に支払ってもらうのだ。

だから軍関係の学校や師範学校などには、日本中の優秀な学生が集まってきた。

戦前は、どんな子供でも能力さえあれば、最高の教育が受けられたのだ。

しかし、現在は、師範学校の制度などは完全に廃止され、しかも授業料は高騰した。現在の日本では、親の収入が少ないために進学を断念する子供が少なくない。

このままいけば、確実に日本は衰退していくはずだ。

対策

子供の教育には国家が責任を持つべし！
米百俵の精神を忘れてはいけない！

第4章

なぜ日本の公共料金は世界一高いのか？

日本の物価高

日本は、実質的に世界一物価が高い国なのである。

日本はデフレで物価が下がっているといっても、そもそもの物価が非常に高いのである。

近年日本は、アベノミクスの影響で、大幅に円安が進み、国際比較した場合の物価は下がっているはずだが、それでも高い水準にある。

物価のデータベースサイトNUMBEOの発表によると、2017年の物価の世界ランキングで、日本は7位に入っていた。日本より物価が高い国というのは、バミューダ、アイスランドなどタックスヘイブン化して富裕層を呼び込んだ小国や、スイス、ノルウェーなどの高福祉国などである。

日米英仏独の先進5カ国の中では、日本が一番高い。

また円安が進む前の日本は、数十年の間、世界の物価指数のだいたい3位以内に入っていたのである。

世界で物価指数の3位に入る国というのは、内戦や戦争などで、混乱している国である。

1位	バミューダ諸島	10位	シンガポール
2位	スイス	11位	ニュージーランド
3位	アイスランド	12位	オーストラリア
4位	ノルウェー	13位	香港
5位	バハマ	14位	イスラエル
6位	バージン諸島	15位	ルクセンブルグ
7位	**日本**	16位	アイルランド
8位	イタリア	17位	スウェーデン
9位	デンマーク	18位	アメリカ
		19位	韓国
		20位	ベルギー

（NUMBEO　2017年の物価の世界ランキングより）

国の混乱で流通がマヒし、物資が不足しているから、物価が高いのだ。日本は、そういう国の物価とずっと肩を並べていたのである。

この物価高も、「見えない税金」のひとつといえるだろう。

物価が高ければ、必然的に生活は苦しくなる。**日本人が働いても働いても、生活が楽にならないのは、この相対的に高い物価も大きな要因**なのである。

そして、日本で物価が高いのは、社会システム上の欠陥のためであり、政治の無策のためともいえる。

日本の電気料金は先進国の中で一番高い

日本の物価の高さの要因はさまざまあるが、その大きなもののひとつとして、公共料金の高さがある。

そして公共料金の中でも、もっとも目立つのは電気料金だろう。

日本の電気料金は先進国と比較した場合、かなり割高であることがわかる。

次の表を見ていただきたい。

2013年度の先進5カ国の比較データを見ると、家庭用電力の場合、日本は24～25円、ドイツは38～39円、イギリスは22円、フランスは19円、アメリカは12円程度である。

ドイツは日本よりもかなり高いように見える。が、ドイツの場合、国の政策として再生可能エネルギーの開発費を捻出するため、その分の税金を電気料金に上乗せしている。その税金が、電気料金の約半分を占めるのだ。

そのため電力会社が受け取る純然たる「電気料金」を比較した場合、日本はドイツと同等か、少し高いくらいといえる。

電気料金の国際比較（2013年度）1KWあたり

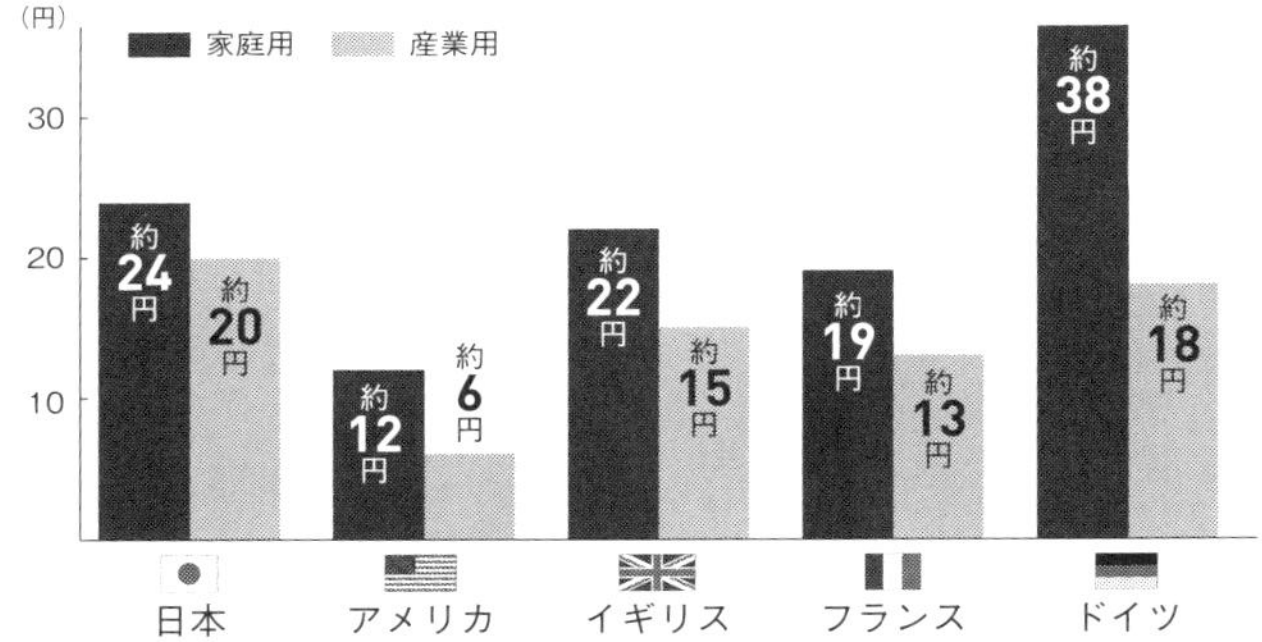

一般財団法人・電力中央研究所資料より

また産業用の電気料金の場合、日本は先進5か国の中では、もっとも高い。

産業用の電気料金は電力全体の約半分を占めるので、日本の電気料金は先進5か国の中でもっとも高いということになる。

そして、ドイツに限らず、フランス、イギリスなども、電気料金の中には再生可能エネルギー政策などのための税金が含まれている。原価だけを見れば、日本の電気料金は、先進国の中でずば抜けて高いといえるのだ。

日本の電気代が高いことはかねてから指摘されており、各電力会社は努力してきたはずだが、それでも、このように非常に高い。

電気というのは、産業や生活の超基礎的な

部分なので、この料金が高いということは、物価全体に波及する。

日本の物価が高いのは、この電気料金の高さも大きな理由のひとつである。

東電の役員報酬は7000万円だった

「日本は資源がない国なので、燃料費などがかかり、必然的に電気料金は高くなる」

日本の電気料金の高さについては、こういう説明がされることが多い。確かにそれもある。が、もっとも大きな理由はそれではない。

日本の場合、電力会社（旧9電）に構造的に不合理な面が多々あり、それが電気料金を引き上げているのだ。

たとえば、人件費である。

福島原発の事故以来、東京電力の体質に疑問の目が向けられるようになったが、なかでも社長、役員の報酬の高さに仰天した人も多いはずだ。

当時の東電の社長の報酬は、なんと7200万円だったのである。

電力会社というのは国によって守られた企業である。

一応、民間企業ではあるものの、電力インフラの整備などは独占的な事業活動が認められており、しかも近年まで電力事業は自由化されていなかった。つまりは事実上の官制企業だといえる。

だから電力会社の社員は、事実上の公務員だったはずだ。それなのに役員報酬が７２００万円というのは言語道断なことである。

電気料金の決め方はメチャクチャ

なぜ７２００万円もの役員報酬となっていたのか？

その原因は、電気料金の決め方にある。

電力料金は、電力会社が勝手に決められるものではない。電力会社が政府に申請し、政府が認めた料金が電気料金になる。

そして、その算定基準はというと「総括原価方式」という方法が採られている。これは、電力会社が、税金、燃料費、人件費、設備取得費用、株主への配当金なども算出する。これが電力の原価ということになり、電力料金の算定基準となるのだ。

電力会社は、どれだけ設備投資をしても、人件費をかけても、必ずそれを支払えるだけの料金設定がされる。

もちろん、政府もある程度は監視するだろう。しかし、電力会社のような巨大組織の経費について、いちいち細かい査定は不可能である。だから、ほぼ電力会社の要望通りの額が、電気料金として認められることになる。

つまり電力会社というのは、かかった費用が必ずペイできるような仕組みになっており、**どれだけ費用をかけてもいいという特権を持っている**のだ。

だからこそ役員報酬が7000万円にも上る、というようなことが平然と行われていたのだ。

また電力会社の料金基準でよく批判されるのが、「株主の配当金まで原価に入れている」ということである。

これは**普通の企業の会計とは逆**である。

普通の民間企業の場合、売上から原価を差し引いた残りが、利益ということになる。そして、その利益の中から、株主への配当などが行なわれる。

しかし電力会社の場合は、原価の中にあらかじめ配当金まで含められている。だから、電力会社の配当というのは、企業の経営努力による成果ではなく、あらかじめ決められた費用なのである。

莫大な広告費を出し批判を封じ込める

電力会社の会計には、もうひとつ大きな問題がある。

それは、「莫大な広告費」である。

福島第一原発の事故が起きる前の２０１１年3月期の決算によれば、電力会社10社の広告費の合計額は８６６億円だった。これは日本最大の民間企業トヨタの約2倍である。

なかでも、東電の広告費は莫大である。

東電の２０１１年3月期の広告費（普及開発関係費）は、２６9億円だった。テレビ、ラジオのＣＭが70億円、新聞、雑誌などの広告掲載費が46億円、ＰＲ施設運営費が43億円だった。

テレビ、ラジオ、新聞、雑誌の広告費が年間１１６億円というのは、相当なものである。

テレビ、ラジオ、新聞、雑誌にとっては、東電は「超ＶＩＰ」ということになる。もちろん、東電の批判などはそうそうできるものではないだろう。東電という組織がここまで腐敗した、最大の要因だといえるだろう。

しかも電力会社は、財界のボスとして君臨してきた。

たとえば東京電力の社長は代々、財界の役職を歴任してきた。福島第一原発事故当時も、清水正孝社長は、日本経団連の副会長の座にあった。東電に限らず、各電力会社は、各地の財界で要職を務めてきた。

電力会社は業務的に多額の設備建設を行うために、その地域に大きなお金を落とす。だから各地域の経済界で、ボス的な立場に立ってきたのである。

が、これは非常におかしな話である。

電力会社というのは、国から守られ、多額の収益を稼いでいる企業で、半ば官営なのである。電力料金というのは、国民にとって税金と同じようなものである。いわば税金によって食わせてもらっている企業なのである。

それが、民間企業の集まりである財界にボスとして君臨することは、国民に対し、不謹《ふきん》慎《しん》極まりないことだといえる。

東電は普通の企業ならばとっくに倒産している

もともと高い日本の電気料金だが、福島の第一原発の事故により、さらに増額されることになった。

福島第一原発の事故の処理費用は、総額21・５兆円とされている。この費用は、当初は、東電が払わなければならないとされてきた。しかし、東電が払うと言っても、それは必然的に電気料金に上乗せということになる。つまり、国民が払うわけである。

また除染費用については、いったん国が肩代わりし、その後、東電に請求することになっていた。しかし、２０１６年12月の閣議で決まった福島復興指針では、「特定復興拠点」については、復興税などを除染費用に充てることにした。

その分、東電の負担は減り、電気料金への転嫁も減るわけだが、本来東電が負担しなければならない費用を、税金で負担するということである。

また東電から被害者への賠償金７・９兆円のうち、２・４兆円は送電網の利用料である託送料に加算されることになった。つまりは、実質的に電気料金を値上げするということ

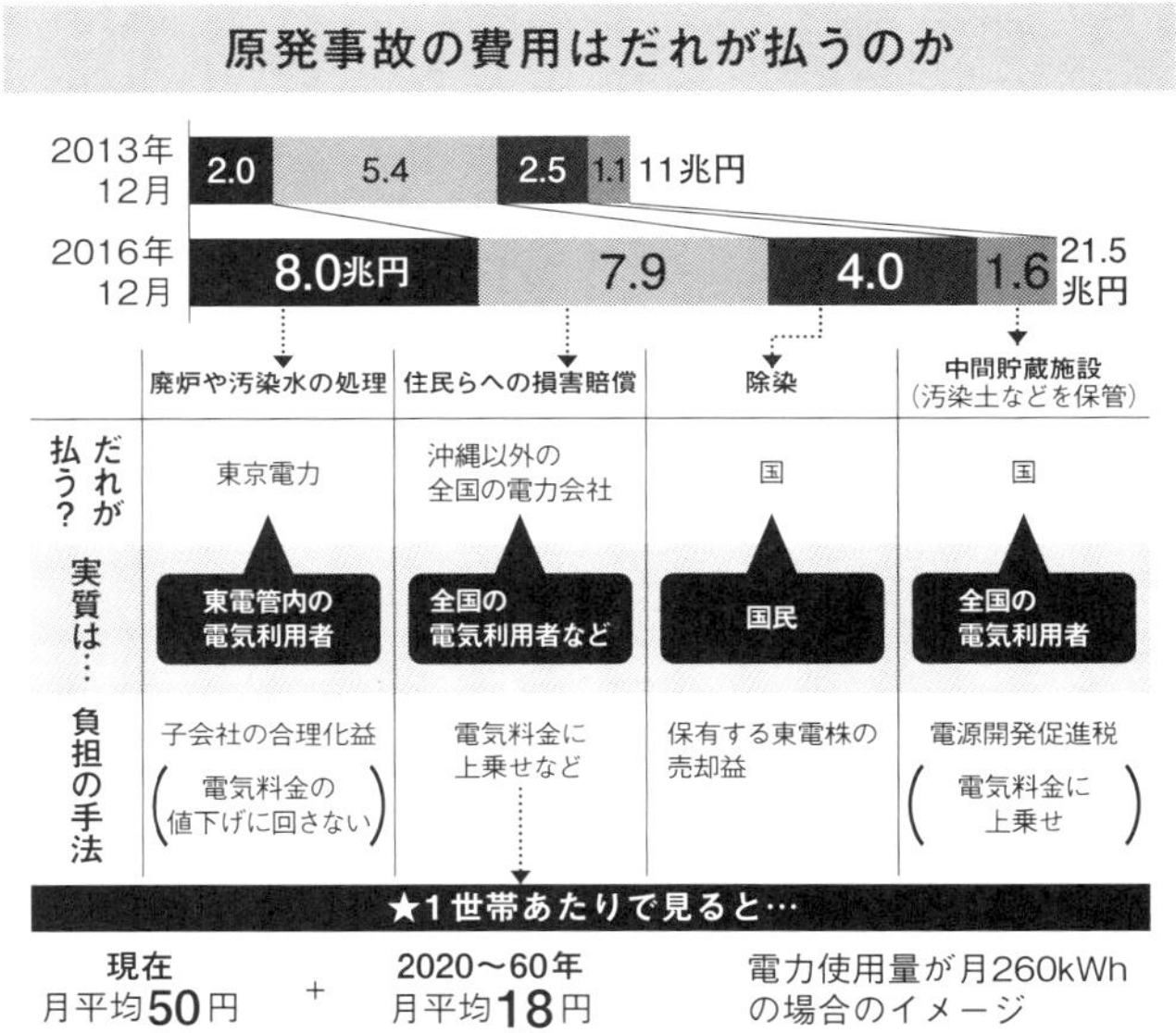

朝日新聞2017年2月15日より

である。

この託送料加算は、電力自由化により新規参入した新電力会社にも負担させることになった。

つまり、電力会社というのは、国から守られた美味しい商売で莫大な報酬を手にし、財界のボスとして君臨し、マスコミに金をばら撒いて批判を封じ、事故が起きて損失が出たら、国民の税金で補てんを仰ぐ、そういう存在なのである。

東電が普通の民間企業なら

ば、**とっくに倒産しているはず**である。にもかかわらず、東電は国から守られノウハウと存続し、社員の給料はトップ企業並みである。さすがに役員報酬は以前の3分の1程度に下げられたが、それでも他の企業に比べれば、かなり高額の部類に入る。

少なくとも東電は解体するか、もしくはそれに準ずるような大規模な組織改造をすべきだろう。

・トップは外部から招へいし、徹底的に組織改革を図る
・電気料金は先進国の平均値よりも低くすることを義務付ける
・投入された税金を全額返済するまでは、役員、社員の給料は公務員並みにする（それでも民間の平均よりはかなり高い）

最低でもこのくらいの処置は行なわないと、国民は納得しないはずである。もし倒産していれば、東電社員はこれよりもはるかに辛い思いをしなければならなかったのである。

東電の役員や社員は、**「倒産企業に従事している」**という自覚を持つべきだろう。

対策

東電をはじめとする旧9電力会社を解体せよ！
東電社員はすでに倒産企業と肝に銘じよ！

高速道路の異常な高額

日本の物価を引き上げている大きな要因として、高速道路料金の高さもある。これも見えない税金のひとつだといえる。

日本の高速道路は、ほかの国から見ると法外に高い。単純な比較はむずかしいが、先進国の高速料金は、日本の半額以下である。

高速道路が無料の国も多い。

そして有料にしている国でも、都心部の車を減らすための措置であることが多い。つまり環境に配慮した料金徴収などを行なっており、日本のように、通行するだけで無条件に高額な料金を課す国はあまりない。

海外を車で走ったことがある人ならわかると思うが、海外では道路料金というのは、無きに等しい。払うとしても小銭程度である。日本のように、何千円も取られる国は、ほとんどないのである。

高速料金の高さは、単にドライバーの負担が増えるというだけの話ではない。

日本の物流の大半は、トラックによる輸送である。高速料金が高ければ、輸送費が上がることになり、それは商品の価格に反映される。日本の物価が高いのは、高い高速料金も一因になっているのだ。

この高額な高速料金について、「日本は山岳国であり、道路建設や道路整備費がかかるため」と国は説明してきた。

しかし、これは詭弁《きべん》である。

日本は２００７年まで、揮発油税や軽油引取税を道路整備の費用に充ててきた。その額は、年間６兆円近いという莫大なものである。これだけのお金を使ってきたのだから、高速道路の建設費や整備費を捻出できないわけはなかったのだ。

そして本来、高速道路は、世界の他の国々と同じように、無料同然で通行できるはずなのである。

高速料金が高額になっている最大の理由は、高速道路が官僚などの巨大な利権になっているからなのである。

かつて日本の高速道路は「道路公団」が管理運営していた。

この道路公団は、官僚の天下り、談合、贈収賄などが次々に明るみに出て、国民の猛烈な批判を浴びた。そのために、小泉内閣のときに「大改革」がなされ民営化された。

が、高速道路の実態はあまり変わっていない。

道路公団が民営化された後、高速料金が劇的に下がったわけでもない。また天下りがなくなったわけでもない。

つまり、何も変わっていないのだ。**看板を付け替えただけ**なのである。

むしろ組織が複雑になった分だけ、巧妙化している。それは、もちろん国民からの目をそらすためである。

現在の高速道路の運営形態

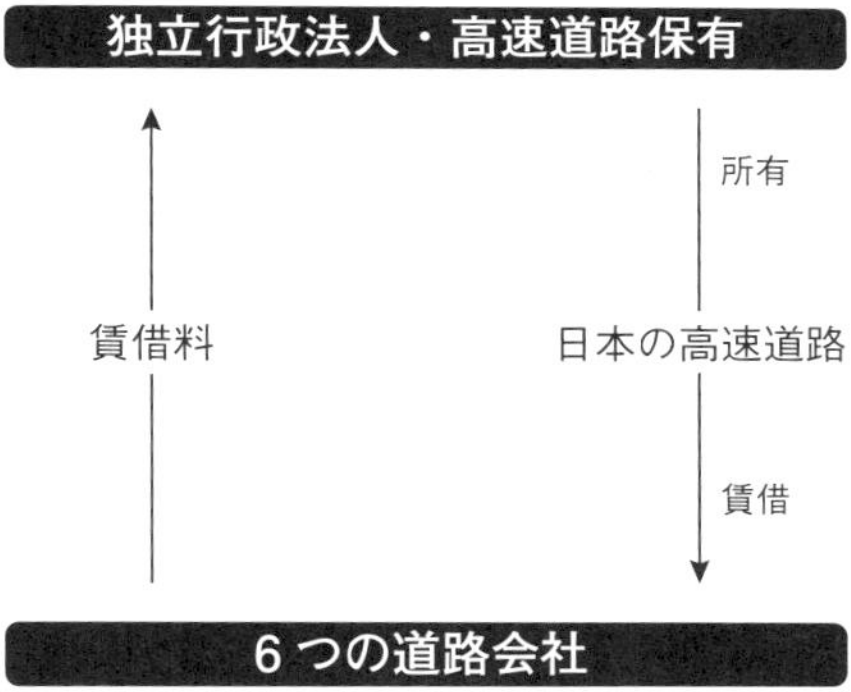

高速道路組織の不透明さ

現在、日本の高速道路は、非常に複雑な組織体系で運営されている。「独立行政法人・日本高速道路保有・債務返済機構」という組織が、日本の高速道路を所有していることになっている。

そして、この「独立行政法人・日本高速道路保有」が、東日本、中日本、西日本、首都高、阪神高速、本四高速の６つの高速道路会社に、「高速道路を貸し出す」という形になっている。

この組織体系について、まず大きな疑問として、なぜ「独立行政法人・日本高速道路保有」が必要なのか？　ということがある。

日本の高速道路を国土交通省の管理下に置き、6つの高速道路運営会社に直接貸し出せばいいじゃないか、という話である。

国土交通省がすべての高速道路を所有し、建設時に生じた債務も全部、引き受ける。そして、6つの高速道路運営会社が道路使用料を国土交通省に直接支払い、国土交通省はそれを債務の弁済に充てる、なぜそういう形にしないのか。

国土交通省がひとつの部署をつくり、職員4～5人もあてれば、それくらいの業務は十分にできるはずだ。

なぜわざわざ「独立行政法人・日本高速道路保有」を一枚、噛《か》ませなくてはならないのか？

ここに、**官僚たちのせこい悪知恵が隠されている**のである。

実は、「独立行政法人・日本高速道路保有」は、キャリア官僚たちのかっこうの天下り先になっているのだ。

この「独立行政法人・日本高速道路保有」には、80数名の職員がいる。そして、毎年、9億円もの人件費が支払われている。1人あたり1000万円以上である。

「出向役員」という天下りシステム

「独立行政法人・日本高速道路所有」の６名の理事のうち、３名は国土交通省からの出向役員である。

実はこの「出向役員」という肩書が、非常なクセモノなのである。官僚の天下りが問題化されるようになって、官僚側はこの「出向役員」という肩書きを多用するようになったのである。

出向役員とは、公務員の身分のまま、出向した役員ということである。つまり、**「公務員を退職しているわけではないので、天下りではない」**という論法である。しかし実質的には、退職する予定のキャリア官僚が天下りする替わりに出向役員という形をとることが多いのだ。

現在、国の方針では、独立行政法人などの役員には「官僚ＯＢは半分以下にとどめるべき」ということになっている。「独立行政法人・日本高速道路保有」は、この国の方針の枠をギリギリまで使っているのである。

これを見ても、「独立行政法人・日本高速道路保有」が、かっこうの実質的「天下り先」となっていることは間違いない。

「独立行政法人・日本高速道路保有」の官僚ＯＢ役員

黒田　憲司　理事長代理　平成27年10月1日～国土交通省から役員出向
山内　正彦　理事　平成27年10月1日～国土交通省から役員出向
大塚　弘美　監事　平成28年8月10日～国土交通省から役員出向

「民営化」という隠れ蓑

高速道路は、現在、民営化されている。

「民営化」したことにより、国は、高速道路の問題は終わったかのような態度をとっている。

「民営化されれば、運営は市場原理に委ねられるのだから、道路の料金が高いのは、国のせいではない」

国、道路会社としては、そういう言い訳ができる。

が、民営化といっても、高速道路は国の許可を得て行なう独占事業である。ほかの企業が、対向路線をつくったりすることはできない。だから、高速道路の料金は、市場原理により価格が決まるわけではない。実質的に道路会社が決めることができるのだ。だから、高速道路の料金の高さは、国に責任がある。

しかも民営化されたからといって、民営化前に生じていた諸問題は決して解決されたわけではない。

相変わらず、道路会社は官僚の天下り先になっている。「独立行政法人・日本高速道路保有」に多くの天下り官僚がいることは、前述したとおりである。

しかも、その独立行政法人だけじゃなく、民営化されたはずの６つの道路会社にも、官僚はちゃっかり天下りしているのである。

たとえば、東日本高速道路株式会社の代表取締役の榊正剛氏は、国土交通省の官僚ＯＢである。榊正剛氏は平成21年に退官したのち、同社に顧問として入り、平成26年に代表取締役になった。

また同じく東日本高速道路株式会社の監査役の井川裕昌氏は、元財務省の高級官僚である。平成26年に退官し、同社に入社している。

他の高速道路会社も、同様に天下り官僚を当たり前のように受け入れている。

日本のこの道路機関は、官僚たちの悪知恵を象徴するようなものである。

いくつものパイプを噛ませ、お金の流れを複雑にして、外部からは、「本質」を見えにくくしている。それは、まるでマフィアがマネーロンダリングをするがごとく、である。

そして、ひとつのパイプごとに、必ず官僚がピンハネをしているという構造である。

それが、つまりは巨大な無駄を招き、国際的に見ても法外な高速道路料金につながっているのだ。

対策
日本の高速道路はすべて無料化せよ！天下り官僚に正義の鉄槌を下せ！

徳島県とアフリカの下水道普及率はほぼ同じ

「見えない税金」の中には、生活排水の処理費用というものもある。

現在、多くの日本人にとって、生活排水は下水道によって処理されるものとなっている。が、地方では下水が通じていないところがけっこうあるのだ。

日本の下水道の普及率は70パーセント台の後半である。ヨーロッパの普及率とほぼ同じ程度だ。だから、これだけを見ると、日本の下水道普及に問題があるようには見えない。

しかし、この日本の下水道普及率にはカラクリがあるのだ。

日本の場合、人口の４分の１が首都圏に住むという極端な人口集中がある。そのために、必然的に下水道普及率が上がっている。首都圏は、比較的、下水道が整備されているので、地方から首都圏に人口が流入すれば、何もしなくても下水道の普及率（人口比）は上がるのである。

しかし日本の場合、地方での下水道の普及率が、先進国の割に非常に低いのだ。50パーセントを切っているところも珍しくない。

下水道の普及率が低い県

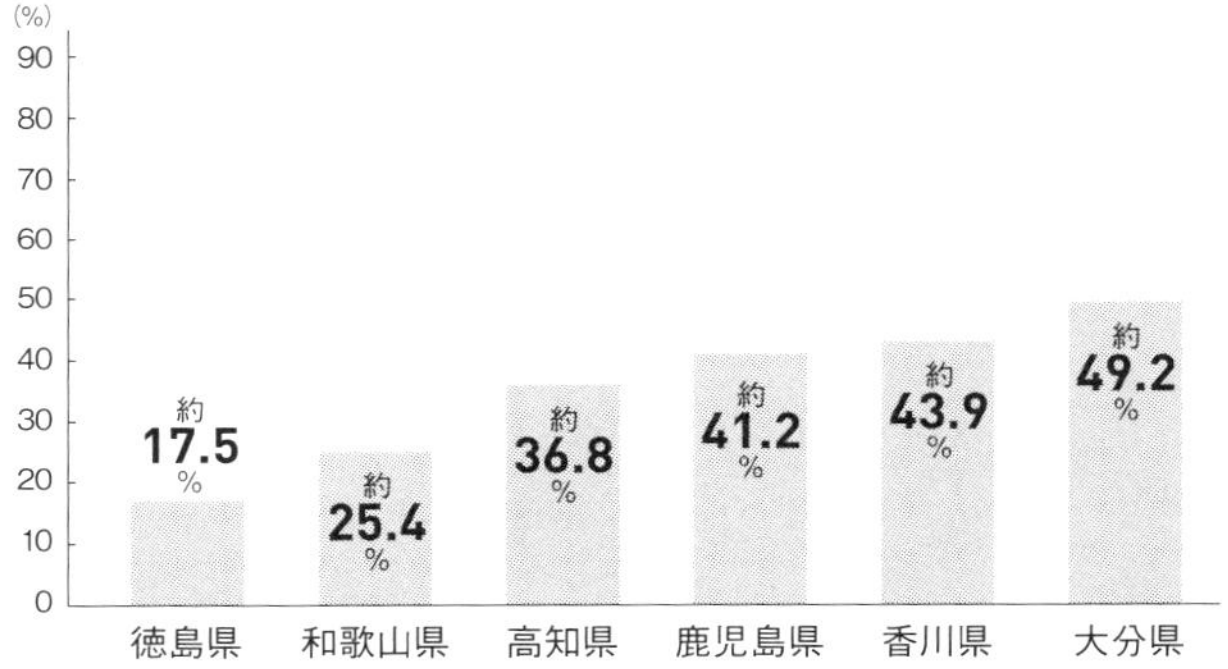

世界の下水普及率（下水接続割合）

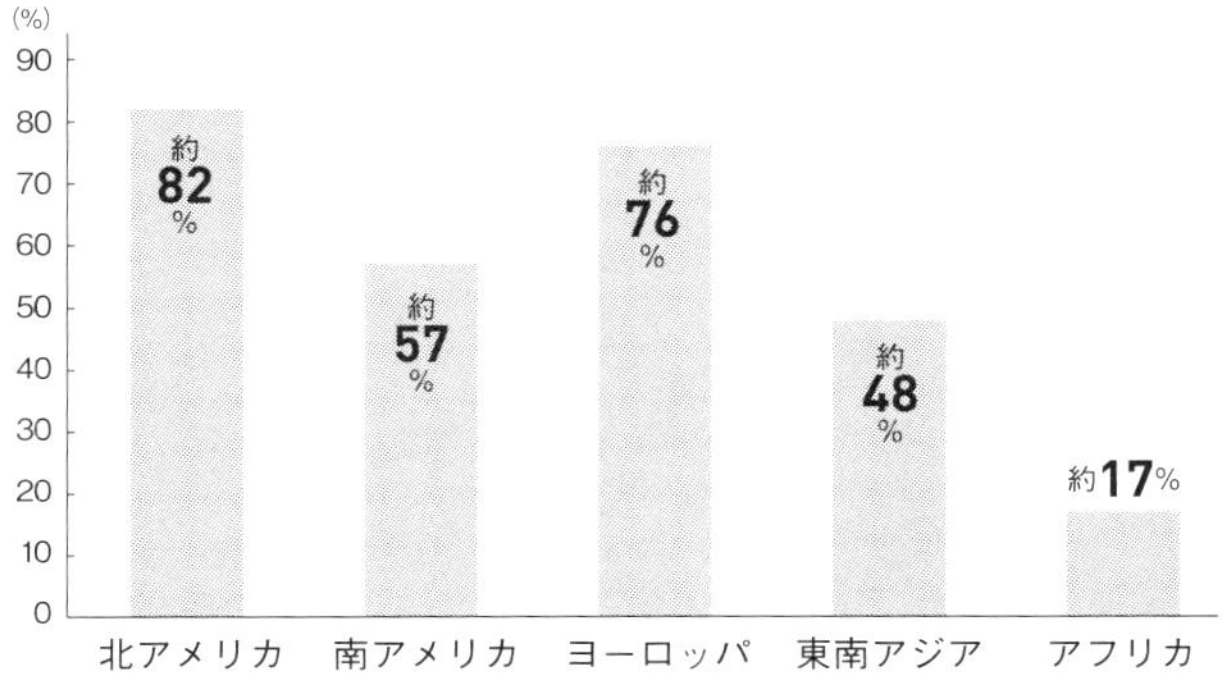

下水道がない地域では、各家庭が浄化水槽を準備しなくてはならないなど、余分な負担が大きい。これも、見えない税金のひとつだといえるだろう。

日本は、1990年代から2000年代にかけて、年間60兆円以上という狂乱の大公共事業を行なった。

しかし、この大公共事業では、道路や箱モノばかりが作られ、下水道の普及はそれほど進まなかったのだ。この大公共事業時代に、ちゃんと予算を下水道に振り分けていれば、今頃、日本では、国の隅々まで下水道が普及していたはずだ。

たとえば島根県の下水道普及率は46・5パーセントである。

島根県は、90年代の公共事業大濫発《らんぱつ》時代に、竹下登元首相などのおひざ元として、全国でも有数の公共事業受注地域だったが、この時、下水道の普及工事はあまり行なっていないのである。

下水道の普及率で、特にひどいのは四国である。4県のうち3県が50パーセントを切っている。

坂本龍馬の出身地として有名な高知県は、36・8パーセントである。

徳島県に至っては17・5パーセントである。なんと県民のほとんどは、下水道のない生活を送っているのだ。この数値はアフリカ並みである。広大な砂漠、ジャングルを持つアフリカ大陸と徳島県は、下水道の普及率に関する限り、ほぼ同じなのである。

他にも、鹿児島、大分、和歌山などが50パーセントを切っている。

このような地方のインフラ整備の遅れが、東京一極集中を招いたともいえる。もちろん、下水道だけじゃなく、さまざまなインフラを含めての話である。地方の人は、インフラの整っていない地元を捨て、都会に出てくるのだ。ひいては、それが都心部での人口集中を招き、殺人ラッシュアワーなどを引き起こしているのだ。

第5章
サービス残業という酷税

「サービス残業」という見えない税金

日本のサラリーマンにとって、不思議でもなんでもない「サービス残業」。

しかし、このサービス残業というのは、世界的に見ると、異常なことなのである。

サービス残業も、国の無策のために、国民が余計な負担を強いられているということであり、「見えない税金」ということができるだろう。

昨今、「ブラック企業」という言葉が時々使われる。

ブラック企業というのは、労働基準法を守らずに、めちゃくちゃな残業、休日出勤をさせたり、べらぼうなノルマを課すなどの違法性の高い企業のことを指す。

筆者は国税調査官として、たくさんの企業を見てきたが、日本ではブラック企業は腐るほどある。

それは驚くほどである。

中小企業などは、サービス残業がない会社のほうが珍しいとさえいえる。

大企業でも一応、残業手当の基準はあるけれど、暗黙の上限があったりして、なかなかもらいにくいシステムになっていることも多い。広告会社最大手の電通が過酷なサービス残業を強いて、新入社員が過労による自殺をしたことを、ご存知の方も多いはずだ。

サービス残業というと、オブラートに包んだ言い方だが、実際は「ただ働き」である。サラリーマンというのは、自分の労働を会社に販売しているわけだから、**「ただ働き」というのは一種の泥棒である**とも言えるのだ。

これは冷静に考えれば、ひどい話である。

サラリーマンというのは「労働」を会社に販売しているのだ。

そして原則的にサラリーマンの「労働」は、時間あたりいくらということで計算されている。ということは、サービス残業をさせている会社というのは、「社員の労働時間を買っておきながらお金を払わない」、つまり無銭飲食や泥棒と同じなわけである。

労働基準法をちょっと勉強したことがある人なら、「サービス残業」が明らかに労働基準法に違反していることを知っているはずである。

労働基準法を知らない人でも、「サービス残業は本当は、いけないいんじゃないか」とうすうす気づいている人がほとんどだろう。

しかし、サービス残業は、日本の企業では珍しいことではない。先ほども言ったように一流と言われる企業でも、サービス残業が公然と行われているケースは多い。

先進国では珍しいほどの「有給休暇未取得」

また日本の企業は、サービス残業だけじゃなく、有給休暇がなかなか取りにくいという状況もある。

これは先進国の中では、ダントツの最悪である。

次の表を見てほしい。これは、エクスペディアが先進国11カ国の有給休暇状況を調査したものである。調査国は先進国5カ国のほか、オーストラリア、カナダ、ニュージーランド、イタリア、スペイン、オーストリアであるが、その中でも日本は最下位なのである。

日本の有給休暇は、実にフランスの4分の1という散々な状況である。調査国の中で、有給休暇取得日が年間10日未満は日本だけである。

日本は、有給休暇の付与は15日あり、アメリカを上回っているが、実際に取得されている日数は8日にすぎず、アメリカを下回っている。つまり日本は形式的には有給休暇は整えられているが、実行されていない、ということである。

先進諸国の有給休暇状況

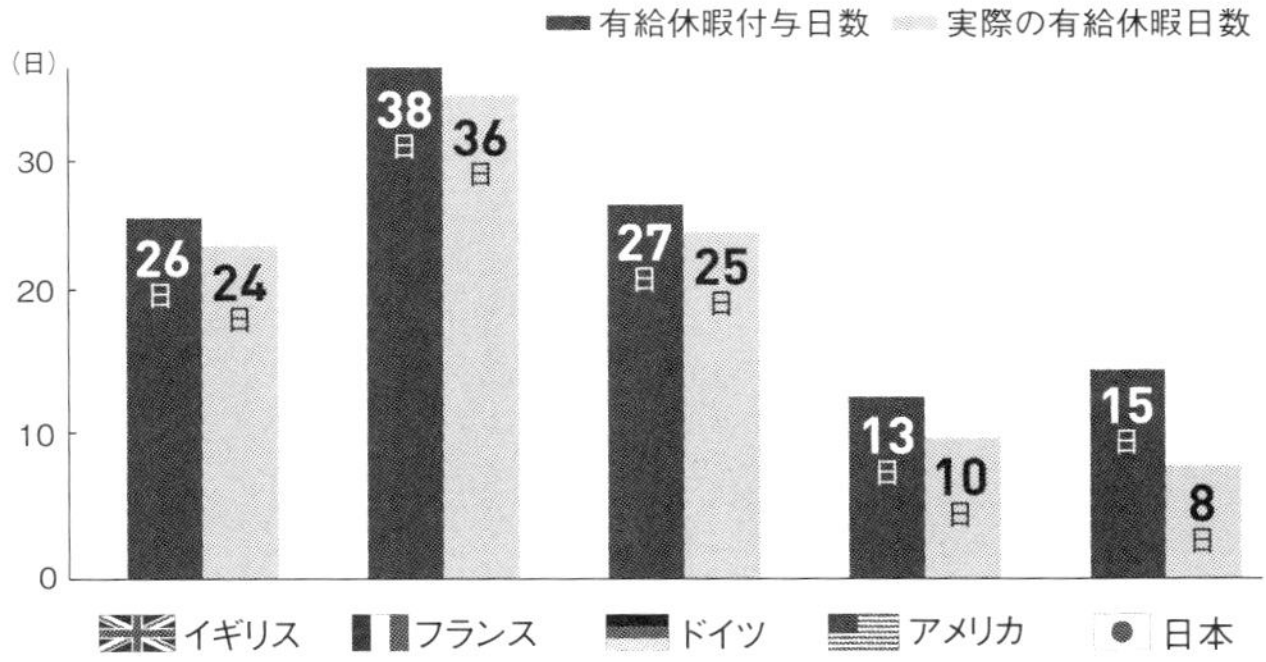

「エクスペディア・レポート国際有給休暇比較2009」より

アメリカは有給休暇が比較的少ないように見えるが、有給休暇以外にも病気の時は有給で休める制度があったり、残業代の代わりに休暇で支払うケースがあったりなど、休暇自体は決して少なくない。

有給休暇の面でも、日本は異常なのである。

有給休暇というのも、労働条件の中に定められたサラリーマンの報酬の一部である。サラリーマンの給料というのは、有給休暇を差し引いた労働日数の上で支払われているのだから、有給休暇が取れない状況というのも、泥棒と同じことだ。

国の無策のために国民に余計な負担が

サービス残業が多いのも、有給休暇が取れないのも、国の労働政策の不備なのである。

会社としては、なるべくなら安い賃金で、労働者をこき使いたいというのは自明の理である。またサラリーマンとしては不満があっても自分の立場を考えると、なかなか自分からいい出せない。

つまり「雇用関係」というものを考えると、放っておけば労働者に不利に傾いていくのは避けられない。それは歴史的に見ても、明らかなことだといえる。

だから本来は、国がきちんと企業に労働基準法を守らせるべきなのだ。

先進諸国も最初から労働時間が少なく、休暇が多かったわけではない。さまざまな施策を講じて、労働環境の改善をしていったのである。

ところが、日本の場合、国はなかなかそれをしない。

具体的に言えば、労働基準監督署がまともに機能していないのだ。

労働基準監督署というのは会社に労働基準を守らせるための役所である。

残業代を払っていないとか、有給休暇を取らせていないとか、そういう会社を取り締まる役所である。

「サービス残業」や「有給休暇が取れない」という職場環境は、明らかに労働基準法に違反している。だから、それが放置されているというのは、労働基準監督署の責任なのである。

「サービス残業」「有給休暇未取得」が少子化を招く

国の無策のためサラリーマンは、「サービス残業」や「有給休暇未取得」という、「余計な税金」を支払わされているのである。

また、これは少子化の要因のひとつにもなっている。

残業が多い上に、休みが少ないということは、プライベートの時間が少ないということである。若者は、彼女、彼氏とすごす時間もない。

今の20代、30代の未婚の人たちの多くは、非婚主義者というわけではない。各種の調査などでも、「機会があれば結婚したいと考えている人がほとんど」という結果が出ている。

そして、彼らが結婚しない最大の理由は「相手とめぐり合う機会がない」というものである。

昔は、見合いという出会いの場があったが、今はそれはあまりないので、若者は自分で伴侶《はんりょ》を探さなくてはならない。

しかし毎日、毎日が仕事漬けで、ウィークデーは遅くまで残業、有給休暇もまともに取れないような状態では、「出会い」があるはずはないのだ。

今の若い人たちは、非正規雇用などで「時間はあるがお金はない人」か、正規雇用で「お金はあるが時間はない人」の二極化している。この状態では、結婚も出産も増えるわけはないのだ。

労働環境が悪ければ景気も悪くなる

日本は「その経済規模に比べて消費が少なすぎる」として、先進諸国から叩かれてきた。それは、日本人の余暇時間が少ないことも大きく関係しているのだ。

人がお金を使う時は、欲しいもの（必要なもの）を買う時と遊ぶ時である。日本人は働いてばかりで休まないから、お金を使う暇《ひま》もない。お金を使わないので、消費が増えず、内需が拡大しない。

残業手当がきっちり支払われたり、休暇がしっかり取れるようになれば、大きな経済効果があるはずだ。残業手当がもらえれば、サラリーマンの手取り給与が増え、きちんと休暇が取れれば、レジャーなどの消費が増える。日本の企業全体が、労働基準法をきっちり守るだけで、莫大な経済効果が見込めるのだ。

もし日本人全員が今より5割増しで有給休暇を取得するならば、相当な景気拡大効果があるはずだ。

たとえばサラリーマン5000万人が今より5日多く有給休暇を取り、1日あたり4000円を使ったとすると、1兆円もの経済効果があるのだ。

1兆円というと、トヨタの収益に匹敵するのである。日本でナンバー1の大企業が、もう1社できるのと同じなのである。

そのためには、国は労働基準監督署を正常に機能させるべきである。

日本の政治、行政は、こういう基本的なことをきちんとやっていない場面がかなりあるのだ。2017年の2月から国や経済団体は「プレミアム・フライデー」と称し、月末の金曜日は仕事を早く終わるように呼びかけている。

祝日やこのような余暇を増やす試みは悪くない。だが、まずはサービス残業、有給休暇の未取得を改善すべきだろう。

対策

景気の動向はサラリーマンに在り！休みを取らせて、金を遣わせろ！

殺人通勤ラッシュ

都心部のサラリーマンの多くが毎日、「殺人的な通勤ラッシュ」を強いられている。これも、実は「見えない税金」のひとつだといえる。

ラッシュ時に都心の鉄道を利用したことがある人ならばわかると思うが、車内の混み具合は地獄とさえいえる。こういう「殺人通勤ラッシュ」などは、先進国ではありえない光景である。

日本を旅行する外国人が、たまたまこの光景を目にしたりした時は、「信じられない」という感想を持つという。

筆者も地方から都心に出てきて、初めてこれを目の当たりにした時には、度肝《どぎも》を抜かれた。「よく誰も文句を言わないものだ」と感心させられた。

しかも、この通勤時間が恐ろしく長いのである。東京に職場がある人で、通勤時間が1時間以内ならば、いいほうである。特に、マイホームを持っているような人は、通勤時間が2時間を超えることも珍しくない。

先進諸国では、こういう状況が起こらないように、都市政策を行っている。

交通機関の利用が過度に集中しないように、通勤時間もあまり長くならないように、行政が設計しているのである。

なぜ、こんな殺人ラッシュが起きるのか？

大まかに言って、理由は2つある。

ひとつは国の機能や経済が首都圏に集中しすぎていること。

もうひとつは、都心部で活用できる土地が少なすぎること、である。

この2つとも、政治の怠慢《たいまん》によって生じているものなのだ。日本は、ここでも政治の無策のために、国民が余計な負担を負わされているのだ。しかも、これはかなり重い負担である。

東京はいまだに「戦時中」

まず、殺人ラッシュ要因のひとつ目「国の機能や経済が首都圏に集中しすぎていること」について説明したい。

日本は、東京に国の機関や企業が集中している。その結果、人口も集中し、日本人の1割以上が東京一都に、3分の1以上が関東に住んでいるのだ。しかも、地方から首都圏への人口流入は昨今、加速している。

地方では仕事がないので、首都圏に出てくる人が多くなり、それが首都圏の需要を増やすことになり、ますます雇用が首都圏に集中することになる。

筆者が身を置いている出版業なども、大手出版社はもとより、中小の出版社のほとんどが東京に集中しており、必然的に首都圏で仕事をすることが多くなっている。

つまり今の日本は「仕事をするなら東京に出ないと、どうしようもない」という環境になりつつあるのだ。

われわれは東京一極集中を当たり前のように思っているが、戦前は、今ほど東京一極集中ではなかったのである。

たとえば、戦前の大阪の人口密度は東京よりも高かった。大正時代、大阪市の人口密度は2万人を超えていたのだ。現在の東京23区の人口密度が1万３５００人程度なので、その2倍近かったのだ。

また戦前は、東京より大阪のほうが人口が多かった時期もあるのだ。１９２８年10月の人口調査で、大阪市は２３３万３８００人となり、東京市の２２１万８０００人を抜いて日本一となった。これは大正14年、大阪周辺の行政地域を再編成し、大阪市に隣接していた東成郡、西成郡の44カ町村が大阪市に編入されたことから、一時的に生じた現象ではある。が、大阪が東京に匹敵する大都市だったことは間違いない。

戦前の大阪は商工業の中心地であり、文化の発信地でもあった。

たとえば、三大新聞（読売、朝日、毎日）のうち、朝日と毎日は大阪が発祥の地である。現在、全国の私鉄沿線には当たり前のように郊外住宅があるが、これを最初につくったのも大阪なのである。

明治40年に設立された箕面《みのお》有馬電気軌道（現阪急電鉄）は、大胆な新ビジネスを次々と成功させ、その後の私鉄経営のモデルケースとなる。

同社は開業する前に、沿線の土地82万平方メートルを買収し、豊能《との》郡池田室町（現池田市）、箕面村（現箕面市）などを大規模な住宅地として開発し分譲を行なった。大正9年（1920年）には、梅田駅に日本初のターミナル・デパート、阪急百貨店を開業させている。昭和4年には風光明媚《ふうこうめいび》な芦屋《あしや》に高級住宅地の建設もしている。

箕面有馬電気軌道のこれらの新事業は、東京地下鉄道、東急、西武など東京の鉄道会社もこぞって模倣《もほう》した。渋沢栄一らが開発した田園調布などの東京郊外都市も、基本的な部分は箕面有馬電気軌道の手法を継承したものである。

大阪に限らず、戦前には、名古屋、福岡、仙台、札幌などの全国の都市がそれぞれ活気を呈していた。

いつから東京に一極集中しはじめたかというと、戦時中からである。戦時中、軍の効率化のため、軍事産業を東京に一極集中させた。そのため、人や物が首都圏にばかり集まるようになったのだ。その流れが、今も続いているのだ。

地方から首都圏にどんどん人口が流れて行ってしまう状態は、決していいことではないと、政治家などもわかっていたようではある。90年代以降、「地方創生」などと銘打って、巨額の予算が、地方の開発のために使われた。

が、この時の地方開発というのは、いたずらに道路をつくったり、箱モノを建造したりするばかりだった。

首都圏から産業の一部を持ってくるような、真に役に立つ開発は皆無だった。そのため、巨額の公共事業費を使ったにもかかわらず、一部の建設業者が儲かっただけで、ますます地方は衰退してしまったのである。

首都圏は全国有数の農業地域？

次に、殺人ラッシュが起きるもうひとつの要因、「都心部の土地が少なすぎる」ということについて述べたい。

実は、日本はこれだけ首都圏に人口が集中しているにもかかわらず、首都圏にはかなり広い農地が残っているのである。

さすがに東京都の耕地面積は東京都全体の3・3パーセントであり、全国平均よりは低い。が、逆に言えば、決して広くない東京で、日本の人口の1割が集中している東京で、3・3パーセントもの農地があるのである。

しかも、東京の中心である23区内にも、約650ヘクタールの農地があるのだ。これは東京ドーム120個分である。

東京と隣接している千葉と埼玉に目を向けると、「都心部農地」の実態がよく見えてくる。

千葉と埼玉は、耕地面積から言えば、まるで農業県なのである。

千葉は県面積の24・6パーセント、埼玉は20・1パーセントが農地なのだ。山形、秋田、岩手など農業地域とされている県の約2倍の割合である。

千葉、埼玉の農業面積率は、全国的に見ても高い。千葉は茨城に次いで全国2位、埼玉は佐賀の次で全国4位なのだ。

この農地の広さは異常だといえる。

千葉や埼玉でも、都心部から遠いところの農地もたくさんあるので、そういう農地については理解できる。

しかし都心から30〜40分程度で行ける場所にも、農地はかなり見られるのである。都心から30〜40分で行ける土地などというのは、都会のサラリーマンにとっては垂涎《すいぜん》の場所だといえるはずだ。

なぜ、このような一等地に、広大な農地が残っているのか？

もし国民の総意として、「都心部にも田園を残すべし」という了解がなされているのであれば、筆者は別に文句を言う筋合いはない。

が、現在、都心部にこれだけの農地が残っているというのは、農家の既得権益を守るためであり、政治の無策によって生じたことなのである。

都心部にこれほどの農地が残っている最大の理由は、「農家を優遇しすぎた税制」のためである。

都会に大地主が残っている理由

なぜ農家を優遇しすぎたために、都心に農地が残ってしまったのか。その経緯を説明したい。

終戦直後、日本の就労人口の半分は農業であり、日本中いたるところに農地があった。渋谷の周辺でも農地はたくさんあったのだ。

しかし戦後の日本は急激な勢いで発展し、それとともに各地で都市化が進んだ。そして信じられないくらいの速度で、土地の値段が上がった。

そうなった時に、都市部や都市近郊にいた農家は、急に大金持ちになった。

と、ここまでは、単に運のいい話である。

が、この話には続きがあるのだ。

今は戦後70年も経っており、土地成金になった農家も、最低でも1、2回は相続を経験している。相続税は、最高税率は常に50パーセントを超えていたので、普通に考えれば、もうそれほど広大な土地を持っているはずはない。

にもかかわらず、なぜ彼らが都心部に広大な農地を保持したままなのか？

農家の場合、農地を自分の親族に相続させる場合は、「相続税猶予《ゆうよ》」という特典がある。つまり、後継者が農地を相続し、引き続き農業をする場合は、相続税はいったん免除される。そして後継者が20年以上、農業を続けた場合に、猶予された相続税は完全免除となるのだ。

農地というのは、国民の生活に直結するものなので、農地法等でいろんな制約を受けている。農地は、簡単には、宅地に変更したりはできない。その代わり農地を農地として使用し、農業を続けている場合は、税金面で優遇措置が取られているのだ。

が、**この制度は、一部の農家にとっては、またとない相続税逃れの道**となった。

都心部で非常に土地が値上がりしているところに、農地を持っている農家は、土地を農地のままで残すことにより資産を保持しようとしたのである。

本当は農業をしているわけではないのに、一応、農業を続けているという体を取り続ける農家も生じることになった。形ばかり果樹などを植えて、「ここは農地である」ということにするのだ。高度成長期からバブル期にかけて、こういう偽装農地が都心部のあちこちに見られた。そうして税金を払わずに都心部に広大な農地を保持しつづけたのだ。

また農地は相続税だけではなく、固定資産税も優遇されている。農地は、100㎡でも固定資産税は数千円で済むのである。都心部の農地などでは、宅地の数十分の一、数百分の一となる。

だから農地からほとんど収入が得られなくても、保持し続けられたのだ。

これらの優遇措置のため、農家が農地をなかなか手放さないのだ。

この状況を見かねて都心部の農地は、宅地と同様に課税しようという意見も生じるようになった。

そこで、「市街化区域」というものが設けられ、この区域内の農地については、税制の恩恵が受けられないようになった。

しかし農家が自分の農地を「市街化区域」に入らないように、政治家に働きかけるために、市街化区域はなかなか広まらない。そのため、現在も都心部に広大な農地が存在するのである。

つまりは、政治の無策のために都心部で土地不足が生じ、それが殺人ラッシュにつながっているのだ。都心から電車で1時間以内の場所にある農地を、宅地並みに課税すれば、殺人ラッシュもかなり緩和されるはずなのだ。

対策

農家の優遇税制を改めよ！
どうせ、もう票田にはならない！

第6章

天下り官僚の手数料ビジネス

確定拠出年金はピンハネされている

確定拠出年金というものをご存知だろうか？

最近、「ｉＤｅＣｏ」という名称をつけて、国がかなり宣伝をしているので、聞いたことがある人も多いはずだ。

確定拠出年金とは、個人が加入して、運用まで行なう「公的年金」である。

加入は自由で、掛け金も自分で自由に決められる。金融機関が、投資信託などの金融商品をいくつか用意し、加入者はその商品の中から、掛け金の運用先を選択する。

つまり運用益は、自己責任ということである。が、運用といっても、元本保証の商品もあるので、「老後の資金蓄積」という性質が強い制度である。

もともとは、自営業者や「企業年金のないサラリーマン」など、年金が不十分な人を中心に、「自分で掛ける年金制度」として創設されたものである。自分で掛けるといっても、公的年金に含まれるものであり、税制上の優遇措置などが受けられる。

少子高齢化がどんどん進んでいく中では、公的年金の給付水準を維持していくのは非常にむずかしい。今後は給付水準が下がっていくことが予想されている。公的年金というのは、どこまであてにできるかわからない。

そのため、各個人が自分で年金を積み立てられるようにしたのが、確定拠出年金の趣旨である。

2001年から始まったものだが、2017年1月から大幅に改正され、事実上、「誰でも」確定拠出年金に入れるようになった。

この確定拠出年金は、実は、大きなメリットがある。

税制優遇措置が非常に大きいのである。

確定拠出年金の掛け金は、すべて課税所得から控除できる。たとえば、100万円を掛ければ、その100万円は税金のかかる「所得」から除外されるのである。

通常、普通の貯金する場合には、その貯金額には税金が課せられる。自分が自由に使える「手取り金額」というのは、自分の収入から所得税や住民税を差し引いた残額である。だから貯金をするということは、すでに所得税、住民税を払った後のお金を貯めるということである。

が、確定拠出年金の場合、所得税、住民税を払う前の段階で、掛け金を支払うことができる。

もし普通に100万円を貯金しようと思えば、平均的サラリーマンの場合、120～130万円の収入を充てなければならない。

しかし、確定拠出年金の場合は、自分の収入を100万円用意しておけば、その金額をそのまま掛け金とすることができる。

もちろん普通に貯金するよりは、はるかにたくさんのお金を掛け金に回すことができる。

だから、老後の資金を貯めるのなら、確定拠出年金に加入するのがもっとも効果的だといえるのだ。

なぜ確定拠出年金は手数料が異常に高いのか？

この非常に大きなメリットを持つ確定拠出年金だが、今ひとつ、加入者は増えていない。

なぜかというと、加入窓口となっている金融機関があまり宣伝していないからだ。

なぜ金融機関はあまり宣伝していないのか？

それは、国の手数料が高すぎるため、金融機関自体はあまり手数料が取れず、儲けにならないからである。

実は、**確定拠出年金は、国に支払う手数料が異常に高い**のである。

まず、確定拠出年金に入った場合、口座開設手数料として2777円払わなければならない。これは、金融機関が受け取るのではなく、「国民年金基金連合会」という国の機関へ支払う手数料なのである。

口座を開設するだけで国がこのような高い手数料を取るのだから、窓口の金融機関としてはなかなかこれ以上取ることはできない。金融機関によっては独自の開設手数料を徴収しているが、ほとんどの金融機関は開設時の手数料はナシである。

しかも国が手数料を取るのは、口座開設時だけではない。

毎月、取るのである。

国が毎月取る手数料は103円である。年間にすれば、1人1200円以上となる。何百万人、何千万人が加入すれば、けっこう大きい金額になるはずだ。

国が取る手数料というのは、口座管理のための費用という名目になっている。そして、支払先は、「国民年金基金連合会」である。

が、この手数料、なぜ取らなければならないのか、まったく意味がわからない。

確定拠出年金は、窓口となっている金融機関が掛け金の預かり、運用の手続きなどすべてを行なってくれる。「国民年金基金連合会」が行なう業務などは事実上ない。

にもかかわらず、開設時に3000円近くと、毎月103円も取っているのだ。

これは、ピンハネ以外の何モノでもない。

確定拠出年金の利益の半分は手数料で取られる

確定拠出年金では、節税できる額は、ほとんどの人が年間1~2万円である。

つまり**確定拠出年金の制度的なメリットは、年間1~2万円**なのである。しかし、そのうち国が手数料として年間1200円ピンハネする。

窓口の金融機関も、さすがに無料ではできないので、年間4000~5000円は手数料を取る。すると、節税できる額の半分くらいを手数料として持っていかれるわけである。

ようするに制度的なメリットは、実質的には「宣伝されていることの半分くらいしかない」ということである。

しかも、確定拠出年金は給付時にも手数料がしっかりかかってくる。給付時に取られる

確定拠出年金の国の手数料

口座開設時		2777円
加入期間	１か月につき	103円
還付時	還付１回につき	432円
給付時	給付１回につき	432円

手数料は、給付１回につき４３２円である。

もし、毎回１万円の給付を受ける設定になっていれば、４％が手数料として取られることになる。

現役時代に確定拠出年金にお金を貯めて、リタイアした後、その貯めたお金が給付されるのだが、その給付時にも国は手数料を取り、ピンハネするのである。

確定拠出年金が給付されるころには収入は下がっており、節税額はかなり下がるはずなので、節税額と手数料がトントンになるケースや、なかには手数料が節税額を上回るケースも出てくるはずだ。

この国がピンハネしている手数料の受取先である「国民年金基金連合会」というのは、厚生労働省などの天下り先になっている機関である。つまりは、**霞が関の官僚たちの天下り先にお金を回すために、手数料を異常に高く設定しているのだ。**

こういう仕組みは、何も確定拠出年金に限ったものではない。国民生活のあらゆる部分に及ぶ。

霞が関の官僚たちは国民にとって必要な制度をつくる時、必ずピンハネする仕組みをつくって、自分たちに利益を誘導するのである。

だから、私たちは働いても働いても、楽にならないのである。

雇用保険、労災もピンハネされている

官僚にピンハネされているのは、確定拠出年金だけではない。

国民生活のあらゆる場所に、官僚のピンハネの仕組みがあるのだ。

たとえば、雇用保険、労災などもそうである。

雇用保険、労災は、独立行政法人「労働政策研究・研修機構」、独立行政法人「労働者健康安全機構」などの運営費も支出している。

この「労働政策研究・研修機構」「労働者健康安全機構」というのは、労働保険業務を補完する役割を担っている。

が、両機構とも、別に厚生労働省がやればいいんじゃない？　という業務しか行なっていない。ざっくり言えば、厚生労働省の業務の一部を、この「労働政策研究・研修機構」「労働者健康安全機構」に振り分けているということである。

そして、この「労働政策研究・研修機構」「労働者健康安全機構」は、厚生労働省の官僚の出向先、天下り先になっているのだ。

つまりは雇用保険、労災の財源を使って、官僚たちは天下り先を確保しているのである。

そもそも、雇用保険や、労災というのは、労働者の雇用補償や健康補償のためにあるものだ。

しかし、日本の雇用保険は非常にお粗末《そまつ》なものである。

先進国に比べれば、給付額や給付期間がはるかに短い。それが、中高年の自殺や、子供たちの貧困につながっているのである。

それも、雇用保険の財源が本来使われるべきところに使われずに、天下り官僚などに費消されているからなのである。

また官僚ＯＢによるピンハネは、他にも多々ある。公的年金や健康保険にも、官僚の天下り先になっている不審な機関は多々ある。

社会保険やそれに類するものは、ほとんどが何らかの形で、国家にピンハネされているといえる。

結局、それが日本の社会保障のお粗末《そまつ》さにつながっているのである。

なぜ国家の手数料ビジネスが生じるのか？

国がこのような「手数料ビジネス」を行なう背景には、官僚の天下り先を確保するというのが、最大の理由である。

官僚の天下りというのは、以前からさんざん国民に批判されてきた。

にもかかわらず、なぜ天下りがなくならないのか？

それは、現在の官僚システムそのものに、大きな欠陥があるからなのだ。

よく知られているように、日本の国家機関は、キャリア官僚によって支配されている。

日本で官僚組織に入るには、大まかにいって３種類のルートがある。高卒程度の学力試験で入るルート、短大卒程度の学力試験で入るルート、大卒程度の学力試験で入るルートである。

この中で「大卒ルート」で入るのが、キャリア官僚である。

この試験は非常に狭き門であり、大卒程度の学力試験とはいうものの、競争率が高いので超一流大卒程度の学力を必要とする。

だから東大出身者の割合が異常に高い。

キャリア官僚というのは、国家公務員全体で1%ちょっとしかいない。

キャリア官僚は、本省勤務、海外留学、地方勤務、他省庁への出向などを経て、ほぼ全員が本省課長クラスまでは横並びで出世する。ノンキャリアは、どんなに頑張っても定年までに課長補佐になれるかどうかというところである。

マスコミなどのキャリア批判を受け、近年ではノンキャリアから課長に抜擢する人数が増えているが、全省庁で100~200名と、微々たるものである。

国家公務員試験の制度は、2012年から大幅に改正され、これまで国家Ⅰ種とされていたものが「総合職試験」、Ⅱ種、Ⅲ種とされていたものが「一般職試験」と変更された。

また「総合職試験」には、大学院卒を対象とした「院卒者試験」なども導入している。

採用試験には、政策企画立案能力、プレゼンテーション能力を検証する「政策課題討議試験」なども導入されている。

人事院は、「キャリアシステムと慣行的に連関している採用試験体系を見直し、能力、実績にもとづく人事管理への転換をはかる」としている。が、現在のところ、本質的にはそれほど変わっていないといえる。

そして、このキャリア官僚たちは各省庁の事務方トップを務め、総理の秘書官などのポストも占めるので、事実上、日本を動かすということになる。

20歳そこそこの若さでむずかしい試験に受かったというだけをもって、将来、日本を動かす地位が約束されるのである。

こんな前時代的なシステムは、先進国はどこも採っていない。**日本の官僚システムは、相当に遅れたものであり、欠陥だらけ**なのである。

天下り先をつくるために巨大な無駄遣いが生じる

そしてこのキャリア官僚制度の欠陥はそれだけではない。

もうひとつ大きな欠陥を持っている。

それは「闇の早期退職制度」である。

キャリア官僚の場合、同期の１人が事務次官にまで昇り詰めたら、他の同期は皆やめる、という不文律《ふぶんりつ》がある。

別に法律でそう定まっているわけではないが、慣習上そうなっているのだ。つまり、キャリア官僚のうちで、定年まで勤められるのは、同期の１人だけ。あとは皆、いってみれば捨て駒《ごま》のようなものなのだ。

たった１人の事務次官を出すために、数十年競争させ勝者が決まったら、後は皆お払い箱ということなのである。彼らの官僚生活というのは、まるで受精における精子の競争のようなものなのだ。

50歳代で、役所から放り出される彼らは、再就職というのが大きな問題となる。

官僚というのは、仕事で関係のあった民間会社に再就職するのは、公務員法で制約がある。官僚で培ったコネクションを再就職に生かすわけにはいかないのだ。またコネクションで入社するような使えない元キャリア官僚など、普通の民間企業ではどこも欲しがらない。

だから、彼らは自分たちの再就職先をつくるために、国家手数料ビジネスを行なっているのだ。行政の下請け業務を行なうという名目で、独立行政法人や公益法人などをつくる。そして、社会保険料や税金の一部をその独立行政法人や公益法人に割り当てる。そこに官僚たちのポストをつくっておくのだ。

本来、官庁ができる業務を、わざわざ下請け機関をつくってやらせるということは、巨大な無駄を生む。官庁とは別の機関をつくるためには、場所や人材を確保しなければならないからである。つまり、官僚たちの天下り先をつくるために、巨大な税金の無駄を生んでいるのである。

現在の天下り先は公益法人が主流

キャリア官僚たちの天下りの歴史は古い。

というより、キャリア官僚という制度ができて彼らが職を辞する時期が来ると同時に、天下りはすでにできていたといえる。

天下り先は、当初、民間企業が使われていた。省庁に関係する企業に天下りし、企業はその見返りに省庁にさまざまな便宜をはかってもらう。

しかしこの民間企業への天下りは、世間の批判を浴びることになる。

そこで次に見つけ出したのが特殊法人への天下りである。特殊法人というのは、省庁を補うような仕事をする法人で、出資のほとんどを国や公的機関がしていた。つまり天下り先を、民間に求めるのはやめ、自前でつくったのだ。

しかし特殊法人への天下りも批判されるようになった。80年代後半、第二次臨時行政調査会というのがあった。これは土光敏夫会長を旗振り役にし、財政再建をするために国のいろいろな問題を調査して改善しようという試みだった。

この調査の時に、「民間でできるものは、民間に委託しスリム化しなさい」という指摘をし、特殊法人なども大幅に削るように提言された。

それに対して、「官」は業務を委託すると称して公益法人を大量につくったのである。そのため公益法人が激増したのである。

非常にわかりにくいが、特殊法人と公益法人にははっきりと違いがある。

特殊法人というのは、言ってみれば国や地方公共団体の外郭団体であり公的機関ということになる。これが、あまりにも巨大化し税金を食うようになったため、世間から叩かれ、縮小を余儀なくされた。その代わりに登場したのが、公益法人なのである。

特殊法人は、国等の出資１００％でつくられるものなので簡単につくることはできない。しかも特殊法人バッシングの中では、新たに特殊法人をつくるのは、いかに官僚といえども至難の業である。

しかし公益法人は簡単につくることができる。公益法人の認可は、大臣が行うので、事実上、官僚の意のままなのだ。だから、特殊法人に対して、批判が強まった後、急速に増加したのだ。

公益法人は公的機関ではない。しかし、民間企業でもない。その中間といえる。この曖昧な存在が、官僚にとって非常に都合のいいものであり、税金無駄遣いの温床、天下りの温床となっているのだ。

対策

官僚から天下り先をなくせ！　退職後は自分で職を探させろ（いい歳した大人なんだから）

第7章
社会保険料が上がっている本当の理由

現代サラリーマンは江戸時代の農民よりも重税

「見えない税金」の最たるものに、社会保険料があるといえる。

社会保険料は、国民のほとんどが支払う義務があるので、税金とほぼ一緒である。支払っていない人もいるが、普通に社会生活を営むためには、支払わなければならない。

この社会保険料の額は、私たちが知らない間にかなり高額になってきている。

２００2年には、健康保険は8・2パーセントだったが、現在は10・0パーセントである。しかも、40歳以上の場合は、介護保険の1・58パーセントが加わっているので、合計で11・58パーセントである。

つまり8・2パーセントだったものが、15年の間に11・58パーセントになっているのだ。実に4割近い値上げである。

また厚生年金も２００4年には13・９３4パーセントだったのが、現在は18・３００パーセントになっている。これも4割近い値上げである。

健康保険と厚生年金を合わせれば、収入の約30パーセントである。

特にサラリーマンの場合は、強制的に源泉徴収されているので、その「被害」も大きい。

昨今、サラリーマンのなかは、給料の支給金額と手取り額の違いに、違和感を抱いている人も多いのではないだろうか？

「手取り額が異常に少ない」

ということである。

日本のサラリーマンの平均給料は、４５０万円ちょっとである。

これは大企業の平均ではなく、社員２、３名の中小企業から大企業までを含めたすべてのサラリーマンの平均だ。

年収４百数十万円ということは、平均月収は40万円くらいである。

多くの人は、こういうふうに思っているのではないだろうか？

「月40万円ももらっているにしては、それほど生活は豊かじゃない」

「年収４００万円以上とは、どこの国の話だ」と。

実際、年収４５０万円（月収40万円）の人は、ほとんどの場合、手取りは、月20数万円というところだと思われる。なかには20万円ちょっとという人もいるはずだ。

なぜ、こんなことになっているかというと、税金と社会保険料で40パーセント近くも取られているからだ。

サラリーマンは、その給料から市民税10パーセント、所得税が5～33パーセント（年収400万円の人はだいたい10パーセント）引かれている。

そして社会保険料は、健康保険と厚生年金に介護保険を加えるとほぼ30パーセントにもなる。

社会保険は会社と個人が折半なので、その半分の15パーセントということになっている。

この市民税、所得税、社会保険を合わせると、平均的サラリーマンでだいたい35～50パーセント程度が引かれることになる。


しかも、社会保険の負担額というのは、実質的には15パーセントではなく、30パーセントなのである。社会保険は、会社と社員が折半ということになっているが、いずれにしろ会社が全額、人件費として支払うわけである。人件費のうち、社会保険料の割合が増えれば、サラリーマンの取り分は減る。結局、社会保険料は全額、サラリーマンが負担しているようなものなのである。

そして社会保険料の負担額を30パーセントとして計算すると、平均的なサラリーマンは、税金と社会保険料で、50パーセント以上を徴収されていることになる。

この50パーセントの負担というのは、先進国の中でもかなり高いほうである。北欧などの高福祉国家並みの負担率ということができるだろう。

江戸時代の農民の年貢が、だいたい3割程度だったとされている。「年貢は4公6民」などと言われることが多いが、農民の年貢の決め方には、さまざまな恩恵措置があったので、実質的には3公7民程度だとされているのだ。

それを考えると、今のサラリーマンの税、保険料負担というのは、江戸時代の農民よりもはるかに高い重税だといえるだろう。

日本の社会保険料が高いのは、少子高齢化のせいではない

この高い社会保険料について、私たちはこういうふうに納得しているのではないだろうか？

「日本は、少子高齢化社会を迎え、社会保障費が増大している」

「社会保障費の増大で、財政赤字が膨《ふく》らんでいるから、社会保険料が高いのは仕方がない」

国民のほとんどは、そう思っているはずだ。そのために、文句も言わず、高い社会保険料を払い続けているはずだ。

が、しかし、である。

実は、日本の社会保険料が高いのも、日本が財政赤字を抱えているのも、少子高齢化のためではない。

というのも、実は日本が国家財政から支出している社会保障費は、国民が思っているよりもはるかに少ないのだ。

国が喧伝するとおり、確かに国の歳出の中でもっとも多いものは社会保障費である。毎年30兆円以上の額が国庫から支出されている。

しかしこの社会保障費の半分近くは実は医療費に回されているのである。

実際の社会扶助、生活保障に使われている費用は非常に少ない。

そして、公的年金に対して国の歳出から支出されている額は、10兆円ちょっとである。

国の歳出全体の10パーセントちょっとである。

国の歳出の1割にすぎないということは、それほど重い財政負担にはなっていないはずだ。

つまり、高齢者の年金に使われている国家予算は全体の１割程度にすぎず、国家予算を圧迫しているほどではないのだ。

では、なぜ現在、日本の財政はこれほど悪化しているのか？

財政赤字は１０００兆円まで膨れ上がっているのか？

その原因は、国が喧伝するような「社会保障費の増大」ではない。社会保障費は、現在でこそ30兆円だが、10年ほど前までは20兆円前後だった。この程度の支出が１０００兆円近くの財政赤字の原因となるはずはないのだ。

財政赤字の最大の要因は、90年代に濫発した公共事業なのである。

90年代から２０００年代にかけて、日本は６３０兆円もの巨額の公共事業を行なった。

この公共事業費がそのまま財政赤字となって、日本の国家財政を苦しめているのだ。そのために満足に社会保障費を支出することができず、国民は高い社会保険料を払わされているのである。

つまり今、私たちが高い社会保険料を払っているのは、90年代の巨額の公共事業のせいなのである。もっといえば、私たちは、いまだに過去の巨額の公共事業という見えない税金を払わされ続けているのだ。

巨額の公共事業が日本の社会保険料を引き上げた

90年代の巨額の公共事業を行なった経緯について、詳しく説明したい。

日本が巨額の公共事業を実行するにいたった直接の原因は、「日米構造協議」である。日米構造協議というのは、日米の貿易不均衡を是正するために、両国が相手の国の構造上の不備を指摘しあうという趣旨のものである。

１９８９年に、（父）ブッシュ大統領から宇野宗佑首相へ働きかけて開始され、92年までの間に、５回会議が行なわれた。

１９７０年代以降、アメリカは貿易赤字が常態化し、赤字額の累積に苦しんでいた。その最大の原因は日本だった。アメリカの貿易赤字の7割を日本が占めていたこともあって、１９８７年には対日貿易赤字は６００億ドル近く（当時の日本円で10兆円前後）に達していた。

このまま貿易赤字が累積すれば、アメリカ経済は破綻してしまうかもしれない。そう考えたアメリカは、最大の貿易赤字相手国である日本をどうにかしようということになったのだ。

そしてアメリカは、日本の輸入を増やすために、巨額の公共投資をすることを求めたのだ。

なぜアメリカが、日本に公共投資を求めたのかというと、

「日本は、貿易で稼いだ金を有効に使っていない」

「日本は経済大国になったのに、国民生活のインフラや、都市の整備は遅れている。それが、日本人の消費が増えない理由だ」

ということだった。

確かに、日本の生活インフラ、都市整備は、先進諸国に比べれば遅れていた。たとえば、下水道の普及率は、１９８０年代では40パーセント程度だった（現在は70パーセント強）。これは当時の先進国の中では、著しく低い数値だった。

公園の面積も、先進国の諸都市と東京を比べれば、かなり貧弱だった。東京の１人あたりの公園の面積は、ニューヨークやロンドンの数分の１しかなく、韓国・ソウルよりもはるかに小さいという体たらくだった。

だからアメリカは、日本が積極的に公共投資を行ない、国民生活を向上させ、国民のお金を輸入に向かわせようとしたわけである。

また1990年の日本は赤字国債の発行をゼロにして、財政の健全化を達成していた。当時、先進諸国どの国も財政赤字に苦しんでおり、特にアメリカ財政は史上最悪の状況になっていた。日本は当時、先進諸国の中でとても財政健全な国だったのだ。だから、アメリカとしては「日本政府は金回りがいいんだから、公共投資で金を使え！」ということだったのだろう。

日本は、このアメリカの要求を受け入れた。

1990年にその当時の日本の首相であった海部俊樹氏がアメリカに対する公約として、今後10年間で430兆円の公共事業を行うと明言したのだ。その後、村山富市内閣の時に、この公約は上方修正され630兆円にまで膨らんだ。

1年に63兆円を10年間、つまりは630兆円である。

なぜこのような無謀な公共投資の約束を、日本はしたのか？

強国アメリカのいうことを聞かざるを得なかったというのも、もちろんある。

が、日本側に、無謀な計画を受け入れる素地もあったのだ。

当時の日本では、政治家が公共事業を地元に誘致し、政治的手腕を誇示するということがよく行なわれていた。そうやって政治資金や支持者を集めるというのが、政治家の選挙戦略の有力な手段となっていたのだ。

当時の日本の建設業者というのは、政治家を強力に支持する母体になっていた（今でもその傾向はある）。建設業者は、支持者を集めるだけではなく、政治資金も提供してくれるからである。

日本の政治家の半数近くは、建設業者によって食わせてもらっているような状態だった。その代わり政治家は公共事業を誘致して建設業者を潤す、建設業者は寄付をして政治家に還元する、こういう食物連鎖が完全にでき上がっていたのだ。

そういう「建設系の国会議員」が、当時は非常に多かったのである。

国会議員は、公共事業をどれだけ地元に誘致するかで次の選挙の当落に大きく影響した。そういう中で、公共事業を増やすということは、一部の国会議員にとってはまたとない政治チャンスとなった。

また、アメリカが要求したこの６３０兆円の公共事業も、実はアメリカが本当にそう要求したわけではなく、日本の国会議員がアメリカに働きかけたという話もある。日本の有力な国会議員がアメリカ側に「日本に公共投資の増額を要求してくれ」と内々で打診したというのだ。日本の国会議員は、自分から公共事業を増やせとはなかなかいい出せないので、アメリカの「外圧」を利用して、予算の増額を謀《はか》ったというわけである。

これは明確な証拠はないが、当時の状況から見れば、ありうる現象である。

巨額の予算を少子高齢化には振り分けなかった

この巨額の公共投資は、現在の日本に大きな足かせとなった。

630兆円というのは明らかに異常な額である。

日本の年間GDPをはるかに超える額であり、当時の国家予算の10年分である。当時の社会保障費の50年分以上である。それをまるまる公共事業につぎ込んだのである。

いくら当時の日本政府が財政を健全化していたといっても、こんな負担に耐えられるはずがない。あっという間に、日本は巨額の財政赤字を抱える羽目になった。

現在の国の巨額の借金というのは、間違いなくこの時の630兆円の公共事業が原因なのである。

国は社会保障費の増大で赤字国債が増えたなどと弁明しているが、数理的に、どこからどう見てもそれは無理がある。当時の社会保障費は、わずか11兆円ちょっとである。公共事業費は年間60兆円以上だった。だれが見ても、どちらが借金の原因かは一目瞭然《いちもくりょうぜん》だろう。

しかも、その使い道はお粗末の一言につきる。

日本は６３０兆円もの巨額のお金を愚にもつかない箱モノをつくったり、無駄な道路建設ばかりで浪費してしまったのだ。

アメリカとしても、日本が道路や無駄な箱もので、巨額の公共事業費を費消してしまうとは想定していなかったはずだ。公営住宅を充実させたり、都市を整備したり、公園を増やしたり、国民の生活環境を改善することを期待したのである。

しかし、日本はそのような有効な公共投資はほとんど行なわなかった。６３０兆円を無駄に使ってしまったのである。

日本の下水道の普及率は、まだ全国平均で70パーセント程度であり、50パーセントを切っている地域も多々ある。住宅政策もまだ貧困なままであるし、公園も先進国の中では明らかに狭い。

もし90年代の日本が630兆円を有効に使っていれば、こんな悲惨な社会にはなっていないはずである。

保育所などの施設をつくったり、子育てをしやすくなるような基盤整備に使っていれば、待機児童問題はとっくに解決していたはずだ。

また老人や貧困者のための住宅建設を行なっていれば、現在の社会保障費の大幅な節減につながっていたはずである。

90年代当時の日本は「これから深刻な少子高齢化社会を迎える」ということが、明確にわかっていた。そして630兆円もの予算があったにもかかわらず、少子高齢化のためにはほとんど使われなかったのである。

この巨額な無駄遣いこそが、今の日本社会に閉塞感《へいそくかん》を蔓延《まんえん》させた最大の原因だといえるだろう。

そして、私たちは、この巨大な無駄遣いの代金を、間接的に払わされているのである。

これが、現在の高い社会保険料の本当の内訳なのである。

社会保険料が高いもうひとつの理由

現在の日本の社会保険料の高さには、もうひとつ理由がある。

それは、**金持ちの負担率が非常に低い**ことである。

現在、日本の社会保険料は、年収に応じて掛け金が決まる。

しかし、年金保険料の対象となる収入には上限があって、これがだいたい月60万円である。つまり60万円以上の収入をもらっている人は、いくらもらっていようが60万円の人と同じ額の保険料しか払わなくていいのである。

となると、毎月６００万円もらっている人の保険料というのは、他の人の10分の１になる。当然、収入が多くなればなるほど、保険料の割合は小さくなる。億万長者などは、微々たる額しか払わなくていいのである。

社会保険というのは貯金ではない。各人が応分に負担して、社会保障費の負担をする、という制度なのである。

収入の多い人は、収入の少ない人よりも負担率は高くていいはずだ。それが日本では逆に、収入の多い人の負担が小さくなっていくのだ。日本の年金財源が少ないのも、この欠陥制度のためなのだ。

年金問題で、この点について議論されることは非常に少ない。なぜなら年金問題のパネリストになるような人は、高額所得者が多いからである。彼らは自分の保険料が増えるような問題には、絶対に触れないのだ。本当はここに最大の問題があると知っていながら。

サラリーマンのうち、年金保険料の上限を超える人（年収800万円超）は10数パーセントもいる。これらの人が他の人と同率で年金保険料を払うならば、概算でも5〜10兆円程度の上乗せとなる。

年金保険料収入が一挙に2割から4割増しになるのだ。これだけ保険料収入が上がれば、年金問題のほとんどは解決に向かうのである。

繰り返していうが、**「高額所得者が一般の人と同じ率で年金保険料を払えば、年金問題のほとんどは解決する」**のだ！

筆者は、高額所得者に特別なことをしろとは何も言っていない。一般の人と同じ率で年金保険料を払いなさい、それだけをいっているのである。たったそれだけのことで、年金問題という頭の痛い問題がほぼ片付くのである。

対策

国民健康保険には気をつけろ！ いつの間にか高額な保険料を払わされている

第8章

貧困という重税

貧困という「見えない税金」

昨今、日本では急激な勢いで、貧困者が増加している。

特に子供の貧困状況は、非常にひどい状態である。

2014年の厚生労働省の報告書によると、日本の17歳以下の子供の貧困率は、16・3パーセントだった。6人に1人が貧困状況にいるのである。

何度も言うが、日本は少子高齢化社会を迎え、子供の成育環境を整えることを、なによりも優先すべき時期なのである。にもかかわらず、もっとも大事にしなければならない子供たちが、貧困にあえいでいるのだ。

またOECDの2010年の調査によると、日本の子供の貧困率は先進34カ国の中で10番目に高かった。韓国よりも高かったのだ（韓国の子供の貧困率は10パーセントを切っている）。

この子供の貧困率の高さが、大学生の奨学金ローン問題にもつながっているのだ。

これは世界から見れば、奇異に映るはずだ。

日本は世界中でビジネスを展開し、富を稼いでいる。世界の富の１割以上を、日本が持っているのである。国民１人あたりの外貨準備高、対外債権は、断トツの世界一である。実質的に、日本は世界一の金持ち国なのである。

にもかかわらず、先進国で最悪の貧富の格差があり、貧困者が激増しているのだ。

なぜこういうことになっているのか、というと、日本では貧困者を救済するシステムが、機能していないのである。

だから、バブル崩壊やリーマンショックなどで、ダメージを受けた人々が救済されないまま積み重なっていったのだ。

この貧困も、「見えない税金」のひとつだといえる。

税には本来、「所得の再分配」という機能が課せられている。

所得の高い人からきっちり税を取り、公的扶助などで低所得の人にそれを分配する。そうすることで、過度な貧富の格差を防ごうという機能なのである。

日本ではこの機能が十分に働いていないために、貧困者が激増しているのだ。先進諸国では、日本よりはるかに「所得の再分配」が機能している。日本人の多くは税の欠陥により、苦しめられているわけである。

本来、受けられるべき給付を受けられないというのも、重税と同様の負担を強いられているといえるはずだ。

友達の家でご飯を食べる子供たち

日本の貧困というのは、表に出にくいとされている。

日本人は苦しくても、周りに訴えることをあまりしない。黙って死を選ぶ人も多いからである。

しかし日本人の貧困化は、思っている以上に進んでいるのだ。

たとえば、次の記事を読んでいただきたい。

平成22年1月26日の熊本日日新聞に、「住民格差小さい校区へ引っ越し」と題された次のような記事が載った。

1年の夏休みまでアヤカは一戸建て住宅に住み、熊本市内の別の小学校に通っていた。マンションに越し、転校したのは、小学校に入学後、すぐにアヤカの家に来るようになった〝お友達〟が原因の一つだった。

以前のアヤカの家の周りには、お医者さんの家が並び、道を挟んで大きな団地がある。〝お友達〟は、この団地から来ていた。

毎日5、6人、別のクラスや学年が違う子、アヤカが知らない子もいた。アヤカがいない時も来た。

最初、ママは、〝お友達〟に、おやつや食事を出していたが、度重なったため、「ご飯はおうちで食べなさい」と言ったけれど、帰らなかった。近所からは、「一度食べさせると、ずっと来るよ。気を付けた方がいい」と忠告された。

入学して2カ月が過ぎたころ、見たことのない服でアヤカが帰ってきた。団地の同級生が「取り替えっこしよう」と交換させられたと、アヤカは言った。

この記事を読んで、筆者は非常に驚いた。

しかし、こういうことは教育現場では最近、しばしば語られていることだという。

確かに派遣社員が激増し、年収200万円以下のサラリーマンが1000万人を超えている現状では、こういう家庭があってもおかしくないのである。

こういう家庭を生じさせているというのは、政治の大失敗であり、国としての恥でもある。

先述した大学生のローンの問題もそうだが、こういうことを見ていると、なにが経済大国だ、という話である。

いくら金を稼いでいたって、こんな国になってしまえば何にもならない。

政治家の方々、財界の方々、目をそらさずにこの現状を見てほしい。

こういう国をつくるために、あなた方は働いてきたのか？

あなた方はこういう国を望んできたのか？

日本の社会保障は発展途上国並み

日本にこれだけ貧困が蔓延した最大の要因は、社会保障の不備である。

日本人の多くは、「日本は社会保障が充実している」「少なくとも先進国並みの水準にはある」と思っている。

しかし、これは大きな間違いである。

日本の社会保障は、先進国に比べるとお粗末の一言につきるのだ。

昨今、政府は「社会保障の増大で財政赤字になった」などと喧伝している。だから、多くの人は「日本は社会保障に金をかけている」と信じ込んでいるのだ。

これは真っ赤なウソである。

確かに日本は、莫大な社会保障費を国費から出している。国の歳出の中でもっとも多いものは社会保障費であり、毎年40兆円前後を国庫から支出している。これだけを見ると、日本の社会保障は充実しているように思えるかもしれない。

しかしこの社会保障費の半分近くは、先に述べたとおり医療費に回されているのである。

その一方で、社会扶助や、実質的な生活保障に使われている費用は非常に少ない。日本の一般の人々が思っているより、かなり低い。先進国ではあり得ないくらいのレベルなのだ。

昨今、叩かれることの多い生活保護にしろ、実は日本は非常に低いレベルなのである。

生活保護基準以下で暮らしている人たちのうちで、実際に生活保護を受けている人がどのくらいいるかという「生活保護捕捉率」は、日本ではだいたい20パーセント程度とされている（『反貧困』湯浅誠著・岩波新書）。

先進国の生活保護支出のGDP比
先進国の総人口に占める生活保護受給者の比率

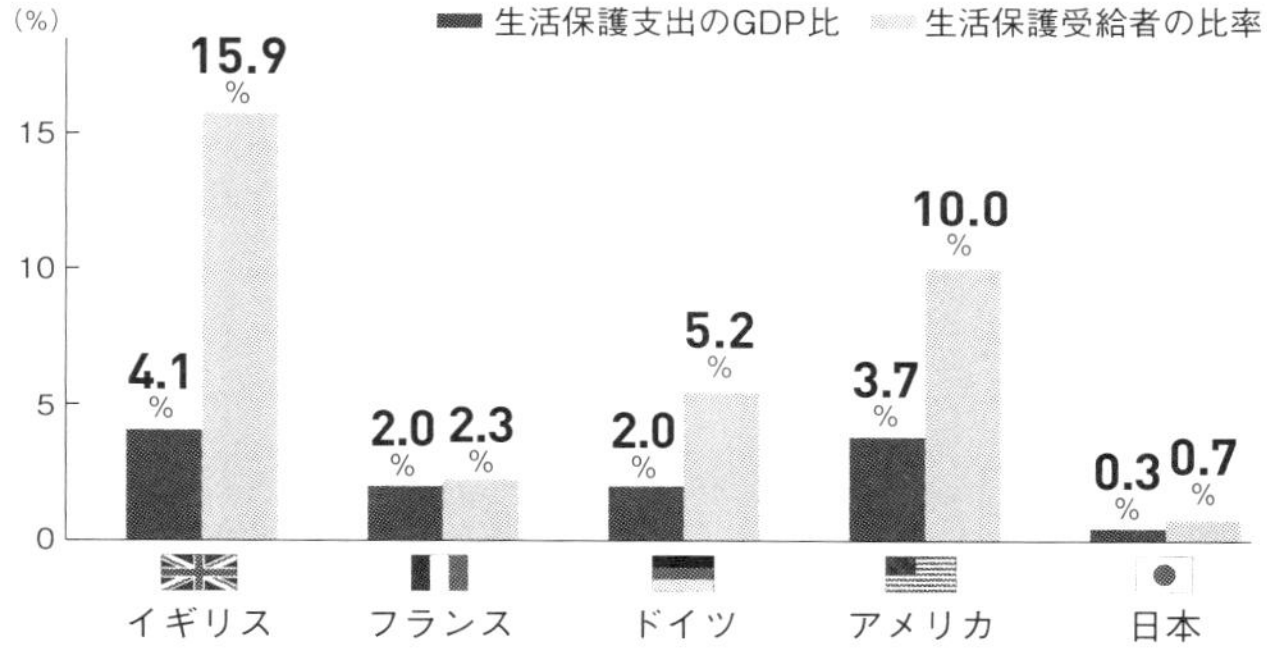

「公的扶助制度の国際比較」埋橋孝文同志社大学教授『海外社会保障研究』127号より

つまり、本来は生活保護を受けるべき状況なのに受けていない人が、生活保護受給者の4倍もいるというのである。

しかしイギリス、フランス、ドイツなどの先進国では、要保護世帯の70〜80パーセントが生活保護を受けているとされている。

そして日本の生活保護は先進国に比べれば、その支出額が圧倒的に少ない。

GDP比では0・3パーセントであり、あの自己責任の国アメリカの1割にも満たないのである。

また生活保護受給者の数も圧倒的に少ない。国民のわずか0・7パーセントであり、これもアメリカの1割にも満たない。

この事実は、「日本は生活保護の必要が少ない豊かな国」というわけではもちろんない。日本では、生活保護の必要がある人でも、なかなか生活保護を受けることができない。「日本は生活保護が非常に受けにくい」ということなのである。

欧米諸国は、国民の権利はきちんと守るのである（少なくとも日本よりは）。日本のように生活保護の申請を、市役所の窓口でせき止めるなどということは、絶対にあり得ない。もしそんなことをすれば、国民から猛反発を受けるのだ。

欧米諸国では国民の権利意識が非常に強いから、国のほうも国民の権利は絶対に侵さないのだ。国民の権利、労働者の権利をきちんと尊重した上での〝激しい経済競争〟なのである。

その部分を日本の為政者たちは、まったく履《は》き違えているのである。

日本の生活保護は社会の要請に合っていない

また日本の社会保障が貧困なのは、金額だけではない。

その内容も、非常にお粗末なのである。

たとえば「自由競争の国」とされているアメリカは、前述したように公的扶助に日本の10倍を費やしている。

しかもアメリカの公的扶助は、日本のように生活保護一本やりではない。バリエーションに富んだメリハリの利いた保護を行なっているのだ。

アメリカには勤労所得税額控除（ＥＩＴＣ）と呼ばれる補助金がある。

これは収入が一定額以下になった場合、国から補助金がもらえるという制度である。ＥＩＴＣとはEarned Income Tax Creditの略である。課税最低限度に達していない家庭は、税金を納めるのではなく、逆に還付されるという制度で、１９７５年に貧困対策として始まった。

年収が1万ドル程度の家庭は、40万円程度の補助金がもらえる。これは子供を持つ家庭だけに限られる。また片親の家庭では、現金給付、食費補助、住宅給付、健康保険給付、給食給付などを受けられる制度もある。イギリスやフランスにも同様の制度がある。

このようにアメリカは貧しく子供のいる家庭は、手厚い公的扶助が受けられる。豊かな者も貧しい者も子供がいれば一律に受けられる日本の子供手当が、いかに雑な公的扶助であるか、よくわかるというものだ。

またアメリカは子供のいない健常者（老人を除く）などに対しては、現金給付ではなく、フードスタンプなど食費補助などの支援が中心となる。現金給付をすると、勤労意欲を失ってしまうからである。

フードスタンプとは、月100ドル程度の食料品を購入できるスタンプ（金券のようなもの）が支給される制度である。スーパーやレストランなどで使用でき、酒、タバコなどの嗜好品は購入できない。1964年に貧困対策として始められた。

このフードスタンプは申請すれば、比較的簡単に受けられる。

日本の生活保護よりは、はるかにハードルが低い。2016年3月のアメリカ農務省の発表では、4400万人がフードスタンプを受けたという。実に、アメリカ国民の8人に1人がフードスタンプの恩恵に与《あず》かっているのである。

もし日本にフードスタンプのような制度があれば、生活保護行政全体がかなり充実するし、不正受給もかなり防げるはずである。

生活保護までは受けたくないけれど、国にちょっと援助してほしい、という人はかなり多いはずだ。また、ちょっと援助してもらえば、生活保護を受けなくてもすむ人もかなりいると思われる。

学校給食以外では、満足に食べられない子供たちも増えているが、そういう子供たちも、フードスタンプで救えるはずだ。

「フードスタンプは、自分が貧しいということを公表するようなものだから、嫌がる人が多いのではないか？」

という意見もあるだろう。

しかし、少しやり方を考えれば、そんな問題は簡単にクリアできる。

昨今は、通信販売網などが整備されているのだから、通信配給制などにすればプライバシーは守られる。たとえば、一定の収入以下の家庭には、年間数十万円分の食糧が支給されるようにするのだ。受給者はカタログみたいな見本を見て、その中から金額内の食糧を自由に選んで、送付してもらうのである。

現在、食糧のネット販売をしている業者は多数あり、官庁が公募すれば、この事業をやりたがる業者はいくらでもいるだろう。そして普通のスーパーなどで買うよりも、かなり格安で食糧を支給することが可能なはずである。

生活保護費の食糧分の支給はこれで賄うことができるので、生活保護費の削減にもつながるだろう。

また食糧の支給は現金の支給と違って、転用するのはむずかしいので、不正受給をしようとする人もかなり減るはずである。不正受給が発覚した事件などを見ても、彼らはお金が欲しくてやっているのであり、食糧をもらってもあまり意味がないケースが多いからだ。

こういう「ちょっとした工夫」「状況に合わせた対応」が、日本の社会保障行政ではまったくなされていないのだ。

機能していない雇用保険

日本の社会保障で劣っているのは、生活保護だけではない。

たとえば雇用保険である。

雇用保険というのは、解雇や倒産など、もしもの時に自分を救ってもらうための保険である。この雇用保険が充実したものであれば、少々景気が悪くても、人々は生活にそれほど影響を受けないですむ。

しかし、日本の雇用保険は、「使えない」のである。

支給額や支給期間が硬直化しており、本当に苦しい人にとっては、役に立たないのだ。

まず、中高年の支給期間が非常に短い。

20年勤務した40代のサラリーマンが会社の倒産で失職した場合、雇用保険がもらえる期間というのは、わずか1年足らずである。今の状況で、40代の人の職がそう簡単に見つかるものではない。なのに、たった1年の保障しか受けられないのだ。

職業訓練学校に入れば支給期間が若干、延びたりするなどの裏ワザはあるが、その期間内に職が見つからなければ、あとはなんの保障もない。

だから日本では失業はそのまま無収入となり、たちまち困窮する、ということにつながるのである。

しかし先進国ではそうではない。

先進諸国は失業保険だけではなく、さまざまな形で失業者を支援する制度がある。

その代表的なものが「失業扶助制度」である。

失業扶助制度というのは、失業保険が切れた人や、失業保険に加入していなかった人の生活費を補助する制度である。「失業保険」と「生活保護」の中間的なものである。

この制度は、イギリス、フランス、ドイツ、スペイン、スウェーデンなどが採用している。

たとえばドイツでは、失業手当と生活保護が連動しており、失業手当をもらえる期間は最長18カ月だけれど、もしそれでも職が見つからなければ、社会扶助（生活保護のようなもの）が受けられるようになっている。

他の先進諸国でも、失業手当の支給が切れてもなお職が得られない者は、失業手当とは切り離した政府からの給付が受けられるような制度を持っている。

その代わり公共職業安定所が紹介した仕事を拒否すれば、失業保険が受けられなかったり、失業手当を受けるためには、財産調査をされたりなどの厳しい制約もある。

日本の場合は、失業すれば雇用保険はだれでももらえるけれど期間は短いし、雇用保険の期間が終われば、経済的にはなんの面倒も見てくれない。

貧困者向けの住宅も圧倒的に少ない

日本は、直接的な社会保障だけではなく、貧困者のためのインフラ整備も圧倒的に遅れている。

その最たるものが、住宅政策である。

日本は、低所得者への住宅支援でも先進国とは思えないほど少ないのだ。

日本では、住宅支援は公営住宅くらいしかなく、その数も全世帯の4パーセントにすぎない。支出される国の費用は、わずか3000億円程度である。先進諸国の1〜2割に過ぎないのだ。しかも昨今、急激に減額されているのである。

3000億円というのは、国の歳出の0・3パーセント程度でしかない。また国の公共事業費の5パーセントにすぎない。

他の先進国ではこうではない。

フランスでは全世帯の23パーセントが国から住宅の補助を受けている。その額は、1兆8000億円である。またイギリスでも全世帯の18パーセントが住宅補助を受けている。その額、2兆6000億円。自己責任の国と言われているアメリカでも、住宅政策に毎年3兆円程度が使われている。

日本で公営住宅に入れる基準は「月収15万8000円以下」となっている。この基準では、子育て世代はまず入れない。子供が多くて、生活に困っている世代には、まったく用をなさないのである。

しかも、月収15万８０００円以下の人ならだれでも入れるというわけではない。公営住宅の総戸数が圧倒的に少ないので、抽選に当たった人しか入れない。２０１４年の応募倍率は、東京で30倍、大阪でも20倍、全国平均で約10倍である。

つまり公営住宅は貧困対策としては、まったく機能していないといっていい。

もし日本が欧米並みの年間２兆円の住宅支援をしていれば、概算でも１００万世帯以上の住宅が確保できるはずだ。

日本という国はなぜ、そういう必要なところに、ちゃんとお金を出せないのか。

「日本の社会保障が遅れている」

という話をすると、必ず

「欧米でもホームレスはいるじゃないか、日本よりもっとひどいところもあるじゃないか」

という反論を言う人が出てくる。

しかし、冷静に考えてほしい。

確かに、欧米にもホームレスはいるし、日本よりも多い国もあるが、欧米と日本では事情がかなり異なるのである。

欧米は、昔から移民や難民を多数受け入れてきた。つまり外国人が非常に多いのである。

欧米のホームレスの多くは、移民や難民なのである。

欧米ではホームレスの支援をする時、もっともオーソドックスな方法は国籍を取らせることである。

国籍さえ取れば、国の保護が受けられるからだ。

つまり欧米のホームレスのほとんどは、滞在国の国籍を持たない、不法移民、不法滞在者なのである。**正真正銘の自国民が、これだけ多く路頭に迷っているのは日本だけ**なのである。

世界中の富を集めておきながら、急激に減少している子供たちを貧困に陥れている国。

そんな日本は、もう死んでしまえ、ということである。

対策

やり方を変えればもっと支援は広がる もう少し知恵を働かせろ！

第9章

なぜ日本は「見えない税金」が多いのか？

不要不急の無駄遣いをやめない政府

安倍首相は、「1億総活躍社会の実現」のための予算に毎年5兆円前後も使っている。平成29年度の予算では、5・2兆円となっている。が、この5・2兆円の支払い先の大半が、よくわけのわからないベンチャー事業支援に充てられている。

安倍首相としては新しいビジネスを切り開いて、日本経済を活性化させたいということだろう。

が、何度か述べてきたように、日本の経済自体は、決して悪くないのだ。**悪いのは、「国民生活」である。**経済は悪くないのに、国民生活がどんどん悪化してきているのだ。

ベンチャー事業支援に5兆円も使われているのに対し、保育サービスの拡張に使われる予算は1兆円に満たないのだ。

また現在、日本は歳出の6パーセント以上を公共事業費に使っている。そしてそのほとんどが土木系である。先進国で、このような高い割合で土木系公共事業を行なっているのは日本だけである。

前述したように、90年代から２０００年代にかけての狂ったような公共事業の増大により、日本は巨額の財政赤字を抱え込み、経済や社会に大きな歪みを生じさせた。

にもかかわらず、こりもせずに相変わらず、先進国ではありえないほどの巨額の公共事業費を費消しているのである。

公共事業費と「１億総活躍社会の実現費」を合わせれば、約11兆円である。この11兆円は、日本にとって不要不急なものである。公共事業費に関しては一部、不要不急ではないものもあるだろうが、せいぜい、それは公共事業費の４分の１程度である。４分の３以上は、削ろうと思えば削れるはずだ。

つまり日本は、これだけ逼迫した状況の中で、10兆円もの不要不急の支出をしているのである。この10兆円の10分の１でも、保育支援などに向ければ、待機児童問題などはたちまち解決するのだ。

また日本の不要不急の支出は、この10兆円だけではない。本気になって精査をすれば、国家予算の４割程度は、不要不急のもののはずだ。

日本の政治は、相変わらず不要不急の無駄遣いをやめず、急を要する場所には出し渋る。

「今、国に何が重要なのか?」

「今、日本は何をしなければならないのか?」

政治家は、何もわかっていないものと思われる。

今の日本は、予算の大半をつぎ込んでも、少子化を食い止めなくてはならないはずだ。

日本が今のままの人口動態で行けば、あと20年後には老人大国となり、国民がどんなに頑張って働いても経済力は大きく減じられ、生活の維持さえ危ぶまれる。

なぜ役人は税金の無駄使いをするのか?

「税金の無駄遣い」というのは、世間でもマスコミでもよくいわれることである。

しかし、これは今に始まったわけではない。

有史以来いわれていることだ。

私たちはそろそろ発想の転換をしなければならないのではないか、と思う。

「税金は無駄遣いをされて当たり前」の世界であるということだ。

だから、税金が無駄遣いされたといってただ単にそれを非難するのではなく、税金は放って置けば必ず無駄遣いされるということを念頭において、厳しくチェックする必要があるのだ。

行政というのは、放って置いたら絶対にダメになる、**いつもいつも気にかけていなければならない不良少年のようなもの**なのだ。

税金が無駄遣いされる最大の理由は、役人は「税金をたくさん使ったものが偉い」という価値観の中で生きていることである。

役人にとって予算を獲得するというのは、民間企業でいうところの「売上」と同じ意味を持つのだ。

だから予算をより多く取ってくる人が役人の世界では偉いのである。

これは、どこの官庁、どこの地方公共団体でも同じ価値観で共通する。

予算を削減することで、評価される官僚など「1人もいない」といっていいだろう。

そのため勤勉な官僚ほど、日夜、予算獲得に奔走するわけである。

予算がつきやすいような都合のいい言い訳を考え、財布のヒモを握っている中央官僚とのコネクションをつくる。

また一度予算がついたら、必ずそれを使ってしまう。予算を残すと、次の年は予算を削られてしまうからだ。

官庁にとって、予算を残すことは「絶対悪」なのである。

筆者は国税に在職中、会計に関する業務をしたことがあるが、それは曲芸のような仕事だった。

予算は絶対に使い切らないとならない。かといって絶対にオーバーはできない（オーバーしようにも役所には予算以上の金は入ってこない）。何億もの雑多な予算を、1円の狂いもなくぴったり使ってしまわなければならないのだ。

これは現実的にありえないことである。

予算というのは、年度前にあらかじめかかるだろう経費を元に算定する。しかし1年間にかかる正確な経費が事前にわかるはずがないのだ。だから、さまざまな細工をして辻褄《つじつま》を合わせるわけである。

ありもしない出張をでっち上げたり、不要なものを購入したりなどの役所の税金無駄遣いは、こういう理由で生まれてくるのだ。

これは民間企業と逆である。

民間企業ならば、経費をなるべく少なくして、会社に利益をもたらせば評価される。だから、経費削減の努力をするわけである。

しかし**官僚にとって、予算をとって使うということが仕事であり、自己表現の場**でもある。

だから獲得した予算は必ず使ってしまうし、少しでも多くの予算をとろうとするわけだ。税金がいくらあっても足りないのは、結局は役人のこの価値観にあるのだ。

この価値観をなんとかして修正させなければならない。予算を削減すれば、その役人が評価されるような仕組みをつくるべきなのだ。

信じられないことかもしれないが、役所には予算削減をして評価されるような仕組みは一切ないのだ。だからだれも予算削減などはしない。

「予算削減をした役所は偉い」

「予算削減をした役人には何らかのメリットを与える」

そういう制度を考えなければならないのだ。

会計検査院は役に立っていない！

官庁が税金の無駄使いをする最大の理由は、「厳しいチェック機関がない」ということだろう。

いや、彼らの会計をチェックする機関も一応あることはある。しかし、これがまったく役に立っていないのだ。

会計検査院というのがそれである。

会計検査院というのは、国の歳出に関して検査をし、不正な使われ方はしていないか、無駄な支出はないかをチェックする機関である。テレビ・ドラマにもなったことがあるので、ご存知の人も多いだろう。

この会計検査院は、省庁からは独立した機関であり、「税の支出に関する限り、どんなことでも調べることができる」という強力な権限を持っている。そして、省庁に限らず、国から補助金をもらっている公益法人、民間企業なども検査の対象となる。

この会計検査院がしっかり機能していれば、ある程度は税金の無駄遣いは減らせるはずだ。

しかし、この会計検査院は、本当に役立たずなのだ。

会計検査院の存在自体が巨大な税金の無駄といっていい。

少し前に会計検査院の職員が検査時、林野庁の職員に、裏で高級牛肉などを請求した事件があった。その時は、「とんでもない不良役人」ということで、本人のみが非難されていたが、元役人の目から見れば、あれは当事者の個人的な問題ではない。会計検査院自体にそういう性格があるのだ。

筆者が税務署に勤めていた時、会計検査院の検査に立ち会ったことがある。

彼らの検査は信じられないくらい悠長でいい加減だった。広い会議室を調査室としてあてがわれ、税務署が用意した書類に目を通すだけである。

昼食は税務署が用意した特上の出前を食し、調査期間1週間のうち、少なくとも1日以上は管内視察と称して、税務署の公用車を使用して物見遊山に出かけていた。

税務署側は、会計検査院の立場を配慮して、軽微な間違いを用意しておくので、実績だけは一応残る。

それが、会計検査院が毎年発表する「税金の無駄遣い白書」なのだ。ここで発表される税金無駄遣いの額は、会計検査院の人件費より少し多い程度である。つまり、自分たちは「人件費以上の仕事をしています」という辻褄合《つじつまあ》わせなのである。

元役人の目から見れば、本来指摘しなければならない税金無駄遣いの額は、桁が2、3個違うはずだ。

実際、会計検査院よりマスコミや市民オンブズマンのほうがよほど多くの税金無駄遣いを見つけてくる。

会計検査院というのは、強い権限を与えられている。役所には、守秘義務というのがあるので、マスコミや市民オンブズマンには見せられないものがたくさんあるが、会計検査院は、役所の書類はすべて見ることができる。

そんな強力な権利を与えられていながら、マスコミや市民オンブズマンのほうがはるかに税金の無駄遣いを見つけてくるのだ。

省庁の多くは、会計検査院のことなど怖がっていない。

彼らが本当に痛いところをつくはずがないと思っているのだ。市民オンブズマンやマスコミの目は怖がるが、会計検査院など眼中にないといっていい。

会計検査院というのは、役所であり、会計検査院の職員は役人である。役人が役人のことを本気でチェックするはずはないのだ。というより、会計検査院の職員は、もっとも役人らしい役人なのだ。

官官接待をもっとも受ける立場にあり、自分たちのことをチェックするものはいない、そういう者たちがきちんとした仕事ができるはずがない。

もし下手に、官庁の税金無駄遣いを指摘したなら、その官庁から逆襲されるおそれすらある。

「お前たちも同じじゃないか」と。

税金のチェック機能として、会計検査院はまったくその用を果たしていないといえるのだ。

民間人を入れた特別会計検査院を！

今の日本の税金の使い道というのは、複雑に絡み合ってわけがわからなくなっている。

各省庁は自分の利益を守ることに汲々《きゅうきゅう》としており、政治家はそれに乗っかっているだけである。

地方自治体は少しでも中央から税を引き出そうと、さまざまな方法で補助金を引き出す。

政府の中枢にいる者でも、税金の全貌を正確に知っている者は、だれもいないのではないかと思われる。

日本は巨額の財政赤字を抱えているが、なぜこんな赤字になっているのか、どことどこに税金が使われているのか、わかっていない状況なのだ。

ちょうど多重債務者が、自分が毎月いくら支払いをしているのか正確に把握しておらず、とりあえず次の支払いのことだけしか見えていないのと同じような状況なのである。

この状態を解消するには、大規模な調査団をつくって、特別会計検査をするしかないのではないかと思う。

それをしない限り、国民も納得しないだろう。

超党派で参加させ、民間企業の経営のプロ、会計士なども参加させる。
官僚の中からも有志を募《つの》って参加させる。
官僚の中にも、「このままじゃ日本の財政は大変なことになる」と思っている人はいるはずだ。そういう官僚をうまく誘い出すのだ（決して官僚の既得権を守るための人間が参加しないように）。

また今までも何度かこの手の調査委員会はつくられたが、キャリア官僚の抵抗により骨抜きにされてきた。今回はそういうことのないように、官僚に揺さぶられても動じないほどの権限を与えるべきだろう。

今の行政制度、官僚制度ができて70年以上である。いや、戦前から続いている制度も多いので、１００年以上になるかもしれない。

同じ制度を100年も使っていれば、絶対に矛盾や不合理が生じるはずである。

日本は、今、大きな岐路に立っている。
高度成長やバブルのような急激な経済成長は、もはやアテにできない。世界でもっとも豊かな国になったのだから、これは仕方ないことでもある。これ以上、世界から富を集めれば、世界中の非難を浴びるだろうから。

経済成長はそれほど望めない中で、しかも少子高齢化社会を迎えるのである。日本全体をそのモードに切り替える必要がある。

そのためにも日本の収支を洗いざらいチェックするべきなのだ。与野党ともつまらぬ政争をしている場合ではないのだ。

真に国民生活を守る社会保障制度を

そして、真に国民生活を守るための社会保障制度を再構築すべきだろう。

セーフティーネットの不備は、「もし何かあった時に困る」と同時に、社会の景気を悪くする要素をはらんでいる。

よくいわれるように、日本は貯蓄が異常に多い。子供の6人に1人が貧困という状況にありながら、その一方で、日本の個人金融資産の総額は増え続け、1700兆円にも達している。国民1人当たり1400万円という巨額である。

これは、セーフティーネットが不整備だということの裏返しでもある。

日本人は、「もし何かあった時」の備えを自分でやらなくてはならない。各人が「万一の時に備えている」から、その「備え」が莫大なものになっているのだ。それが結局、消費を冷え込ませ、不景気を長引かせているのだ。

国民全部が万一のための貯蓄をすることは、非常に効率の悪いことだ。

たとえば、日本のサラリーマン全部がリストラに備えて、失業手当の不足分として1000万円を貯蓄しようとしたとする。サラリーマンの人口は5000万人以上なので、500兆円が必要となる。

しかし、サラリーマン全部がリストラされるはずは絶対にない。備えに必要なのは、せいぜい数パーセント分である。社会全体でリストラのための備えをしっかりしていれば、数兆円の貯蓄ですむのである。セーフティーネットが不十分なために、500兆円以上の余分な貯金をしなければならないのだ。

この500兆円が貯蓄に回るのと消費に回るのとでは、経済への影響はまったく違ってくる。もちろん貯蓄に回れば経済は非常に停滞するし、消費に回れば非常に活性化する。

これは、机上だけの計算ではない。

実際にリストラを恐れ、それに備えているサラリーマンは大勢いるのだ。この算式に近いことが、日本社会では起こっているのだ。

つまりは、セーフティーネットがしっかりしていないために、社会が無駄な貯蓄をしているのだ。

雇用関係だけではなく、年金にしろ、生活保護にしろ、日本はセーフティーネットが不整備なので、日本人は安心してお金を使うことができない。だから、日本は巨額の「無駄な貯蓄」をしている。それが、なかなか内需が拡大しない、ということにつながっているのだ。

セーフティーネットをしっかり整備する、ということは、一時的には費用がかかるものだが、長期的、広角的に見れば、大きな経済効果があるものなのだ。

そして、少子高齢化問題を解決するためには、それがもっとも必要なことなのである。

対策

消費を担保するセーフティーネットの充実を！
あと会計検査院は解散せよ！

おわりに

今の日本は、沈没船と同様である。

このままいけば、必ず沈没する。

それは本文で何度もふれたが、少子高齢化のためである。

現時点での日本経済の数値は決して悪くない。実質世界一の経済大国とさえいえるだろう。

が、日本経済がどんなに頑張っても、この少子高齢化の障壁を越えることはできない。

内閣府の人口動態の予想では、2030年前後には高齢化率が30パーセントを超えるという。しかも、その数値は年を経るごとに上昇していく。

3人に1人が老人という社会では、どう考えても国力が低下するのは避けられない。老人の介護をするだけで、相当の国民の労力が必要になる。

今の日本がしなければならないのは、少子高齢化を少しでも食い止めることである。政治家や行政は、それを第一に考えるべきだろう。

にもかかわらず、今の日本は、子育て環境や教育環境が、先進国としてあり得ないほど、貧弱になっている。

日本には、お金がないわけじゃない。

お金は十二分にあるのに、政治の中枢にいるものたちが、自分たちの利権を得ることだけに奔走してきたために、今のような惨状になっているのだ。

待機児童問題はまさにその象徴である。

これほど急激に子供が減っている日本で、保育所の数が足らないとは、世界の恥である。

そして、このことは、国会議員（共産党議員も含め）すべての責任である。

このことだけをとっても、全員が辞職し政治家を引退しなければならないほどの責任があると筆者は思う。つまり、与党野党を問わず今の国会議員はすべて、国政を行なう資格はないということだ。

日本を生まれ変わらせるためには、もうそのくらいのことをしなければならないと筆者は思う。

筆者にとって、本書を執筆することは、本当に気が滅入《めい》る作業だった。調査すればするほど、今の日本はここまで腐っていたのか、と思い知らされたからだ。

本書を読了された諸氏も、似たような気持ちになっていると思う。

が、私たちは、やはりこのことを直視し、日本を変えていく努力をしなければならない。まさか今の日本のまま、次世代にバトンタッチをするとなると、あまりに無責任であろう。

最後に、この重いテーマを筆者に課し、限りなく自由に執筆させていただいたビジネス社の唐津氏、本書の制作に尽力していただいたすべての皆様に、謝意を表します。

2017年春

著者

［著者略歴］

大村大次郎（おおむら・おおじろう）

大阪府出身。元国税調査官。国税局で10年間、主に法人税担当調査官として勤務し、退職後、経営コンサルタント、フリーライターとなる。執筆、ラジオ出演、フジテレビ「マルサ!!」の監修など幅広く活躍中。主な著書に『得する確定拠出年金』『税金を払わない奴ら』『完全図解版 あらゆる領収書は経費で落とせる』『税金を払う奴はバカ！』（以上、ビジネス社）、『「金持ち社長」に学ぶ禁断の蓄財術』『あらゆる領収書は経費で落とせる』『税務署員だけのヒミツの節税術』（以上、中公新書ラクレ）、『税務署が嫌がる「税金0円」の裏ワザ』（双葉新書）、『無税生活』（ベスト新書）、『決算書の9割は嘘である』（幻冬舎新書）、『税金の抜け穴』（角川 one テーマ21）など多数。

「見えない」税金の恐怖

2017年4月23日　　第1刷発行

著　者　大村 大次郎

発行者　唐津 隆

発行所　株式会社ビジネス社

〒162-0805　東京都新宿区矢来町114番地 神楽坂高橋ビル5F
電話　03(5227)1602　FAX　03(5227)1603
http://www.business-sha.co.jp

〈印刷・製本〉中央精版印刷株式会社
〈装丁〉常松靖史（チューン）
〈本文DTP〉茂呂田剛（エムアンドケイ）
〈編集担当〉本田朋子　〈営業担当〉山口健志

ISBN978-4-8284-1949-7